心の教育からの脱却と道徳教育

摆脱"心灵教育"的道德教育

[日] 吉田武男◎著

那乐 栾天◎译

人民出版社

心の教育からの脱却と道徳教育
吉田武男

ISBN：978-4-7620-2375-0

Copyright© 2013 by YOSHIDA Takeo
First published by学文社，東京都目黒区.All rights reserved.

北京市版权局著作权合同登记号：01-2014-8693

总　序

一

　　问题是时代的注脚，时代是问题的集结，理论则是在思想中把握到的时代。理论对时代问题的把握与破解，折射着人类理论思维发展的高度，也推动着人类实践探索的前进和深化。马克思说："问题就是时代的口号，是它表现自己精神状态的最实际的呼声"，"一切划时代的体系的真正的内容都是由于产生这些体系的那个时期的需要而形成起来的"。

　　当今时代是个全球化的时代。伴随全球化的飞速发展，国与国之间的相互依存日益紧密，不同思想文化间相互激荡、彼此碰撞，中外经济文化交流不断向纵深发展。在此情况下，我们所面临的"中国问题"越发具有时代性和世界性，反过来世界经济文化发展大环境、大趋势也越来越深刻地影响着"中国进程"。中国与世界越来越成为你中有我、我中有你的"命运共同体"。正因如此，十八大以来习近平总书记从人类和谐共处、存续发展的高度先后六十多次论及"命运共同体"问题，充分展现出中国共产党人面向未来的长远眼光、博大胸襟和历史担当。

　　对于当代中国马克思主义理论工作者来说，我们应该深刻领会、努力学习习近平总书记直面时代问题、关切人类命运的情怀和视野，自觉从当代中国实际与全球化的时代背景出发，运用马克思主义立场、观点和方法，凝练揭示出复杂现象背后的重大时代性命题，并以理论的方式回应和破解这些命题，从而对外向世界传播"中国声音"，对内服务中国特色社会主义建设。这是当代中国马克思主义理论工作者最为根本的社会责任和最为深层的理论自觉。

思想政治教育作为马克思主义理论研究和实践传播的重要力量，也要顺应时代发展，推进自我创新。应该看到，全球化时代的到来，使思想政治教育的外部环境已经由间接点位式面向世界转变为直接全方位面向世界。更加开放的外部环境给思想政治教育提供了广阔的世界舞台，也使之面临着多元文化交融交锋交汇的严峻挑战。如何既利用好世界舞台以广泛吸收借鉴不同国家思想政治教育的经验教训，又确保我国思想政治教育建设发展的正确方向，是全球化时代思想政治教育面临的重要课题。

"文明因交流而多彩，文明因互鉴而丰富。"破解全球化时代思想政治教育问题，既要立足中国，也要面向世界，努力在中外文化的交流互鉴中打造兼具中国风格与时代特征的思想政治教育理论和实践体系，从而为建设社会主义文化强国作出新的更大贡献。为此要坚持"以我为主、学习借鉴、交流对话"。"以我为主"就是要坚持中国立场、聚焦中国问题、彰显中国价值，确保思想政治教育能够始终担负起"围绕中心、服务大局"的基本职责。"学习借鉴"就是要树立自信开放的世界眼光，按照习近平总书记关于"中国要永远做一个学习大国，不论发展到什么水平都虚心向世界各国人民学习"的要求，学习借鉴各国人民创造的优秀文明成果，特别是国外道德教育、公民教育、爱国主义教育等相关教育形式的有益经验和做法，从而了解世界、壮大自己，始终掌握中外文化交流的主动权。"对话交流"就是要以更加开放包容的姿态，积极推动中华文化走出去，加强与世界一切优秀文明成果的交流互动。总之，全球化时代的思想政治教育要在坚持社会主义意识形态立场的基础上，树立国际视野，加强对外交流，立足对中国发展的深刻把握、对时代主题的深刻理解和对马克思主义的坚守，在穿透不同文化异质中捕捉时代精神、发现价值活力，为我国思想政治教育理论研究和实践创新提供有益借鉴。这就是新时期加强比较思想政治教育的本质意涵与根源所在。

二

做好全球化时代思想政治教育工作需要加强比较思想政治教育研究，促进思想政治教育学科发展也需要加强比较思想政治教育研究。新时期思想政治教育学科发展是创新发展、科学发展与内涵发展的有机统一。其中，创新发展是动力，科学发展是原则，内涵发展是抓手，三者相互联系，共同构成新时期思想政治教育学科发展的总趋势和总要求。

"创新是引领发展的第一动力。"思想政治教育学科发展离不开对党的思想政治教育优良传统和成功经验的总结继承，也离不开结合新的时代背景与实践条件的积极创新。推动思想政治教育学科创新发展，关键在于充分调动学科内部各要素的发展潜能，通过强化学科管理、整合学科力量、优化学科体系，不断增强学科建设服务实践工作的能力和水平。与此同时，也要立足开放多元的时代背景，进一步拓宽学科视野，将学科建设放置在中外文化交流对话的历史进程和实践活动之中，不断加强比较思想政治教育，通过与国外相关教育形式的切磋比较，找准自身定位，汲取发展经验，增强思想政治教育的时代性和有效性。

科学发展的核心是全面协调可持续。然而，一门学科在建设初期由于建设任务比较繁重，往往不能平均使力，只能有所侧重，以局部突破带动整体发展。思想政治教育学科也是如此。学科初创之时我们在基础理论研究上建立了思想政治教育学原理、思想政治教育方法论、思想政治教育史与比较思想政治教育等四个主干学科领域。其中，原理、方法论、史论的建设投入力度较大、产出成果较多、发展速度较快，形成了较为完整的原理体系、方法论体系和史论体系，但比较研究相对滞后，致使其成为学科体系中较为薄弱的板块。立足全球化时代思想政治教育"面向世界、面向未来、面向现代化"的客观需要，推动学科科学发展，应该在进一步深化原理、方法和史论研究的同时，加强比较思想政治教育研究，努力形成学科建设合力，推动学科建设整体跃进、协调发展。此外，加强比较思想政治教育，也有助于增强原理研究对不同国家思想政治教育现象的解释力，提升历史研究的恢宏感，推动方法研究从局部实践经验的归纳上升为具有广泛意义的方法论指导。

经过三十多年的建设，思想政治教育学科正在从注重规模扩张的外延发展转向注重质量提升的内涵发展。破解这一问题，不仅需要研究思想政治教育的中国特色和中国经验，还要将之放在各国历史文化背景下，把握其存在发展的具体样态、历史成因和文化品格。这就需要在更为广阔的世界视野中，通过方法互动、资源汇通，透视不同国家思想政治教育现象的理论品质与实践策略的异同，从而更好地把握思想政治教育的本质和规律。

总之，顺应新时期思想政治教育学科发展趋势，促进学科建设的创新发展、科学发展与内涵发展，需要加强比较思想政治教育。

三

我国比较思想政治教育研究兴起于 20 世纪 80 年代中后期。"比较思想政治教育"名称的正式出现，是在 1988 年 6 月在广州召开的思想政治教育专业会议上。从学术研究角度第一次提出思想政治教育比较研究，并把其正式列入教材编写计划之中，是 1995 年 10 月在北京召开的开展思想政治教育比较研究会议。此次会议以课程建设为主题，讨论编写被誉为国内第一本比较思想政治教育学教材《比较思想政治教育学》（苏崇德，1995）。后来又陆续出版了多本教材，并开始设置"比较思想政治教育"方向，招收硕、博研究生。与此同时，人们用"名实之辩"解决了国外是否存在思想政治教育的问题，用"实践论"解决了不同政治制度下思想政治教育的可比性问题，使比较思想政治教育获得了广泛认可，具有了学术上的"合法性"（陈立思，2010）。

面向未来，比较思想政治教育还面临着夯实理论基础、创新研究范式、整合研究力量等任务。但一个前提性、基础性的工作就是加强学术资源的开发，特别是要拥有域外思想政治教育相关理论和实践的第一手资料。这就需要开展深入细致的文献翻译工作。然而，目前围绕国外思想政治教育（德育）理论及实践，学界虽不乏翻译力作，但成规模的译丛还不多见，还难以满足比较思想政治教育长足发展的需要。

正是从思想政治教育的时代背景和学科立场出发，我们精选国外思想政治教育相关领域较具权威性、代表性、前沿性的力作，推出了具有较高研究价值与应用价值的系列翻译作品——《思想政治教育前沿译丛》（以下简称"译丛"）。

译丛坚持"以我为主、学习借鉴、交流对话"，旨在丰富我国思想政治教育在国外译著、理论研究与实践探索等方面的学术资源，实现译著系列在学科定位、理论旨趣以及国别覆盖上的多重创新，为推动中外相关学术交流和对话提供支撑。

译丛力争选取与我国思想政治教育相关性较大、国际学术界反响较好的学术著作，既译介国外相关领域知名专家学者的扛鼎力作，也译介对这些代表人物的理论有见地、有深度的研究专著，以及对美国、日本、俄罗斯、加拿大等国相关教育形式有独特研究的代表性著作，以期为广大读者掌握国外相关领域的前沿动态提供方便。

译丛主要面向三大读者群：一是教育学、政治学、思想政治教育学等领域的理论工作者；二是教育主管部门决策者、中小学及高校一线教师、辅导员等教育工作者；三是思想政治教育、道德教育、比较教育等相关专业的本科生与研究生。

译丛在翻译过程中特别重视研判作者的价值取向和意识形态立场，努力按照国家要求和中国实际对所选书目及其内容进行甄别。但是由于作者所处国家及学术立场的限制，有些内容可能仍然并不适合于我国国情，需要读者在阅读时各取所需、为我所用，批判地吸收其中有益的成分。

杨晓慧

2015 年 5 月于东北师范大学思想政治教育研究中心

目　录

中文版序

    《摆脱"心灵教育"的道德教育》一书能够在中国出版发行，作为日本人的我感到很荣幸也很激动。在这里，请允许我向此书中文版策划者也是我最要好的中国朋友杨晓慧书记，致以诚挚的谢意。同时，我还要向本书的译者，我的学生那乐，以及负责校对工作的老师和同学们表示由衷的感谢。谢谢大家的辛苦付出！

    本书的创作初衷，是为了向筑波大学、早稻田大学、东京外国语大学和关西外国语大学中有意愿成为教师的学生们提供一本道德教育教科书。因此，书中大部分内容都是从教必备的基础知识和基本理论。本书对于这些日本学生来说可能具有实用价值，但对于一般的读者和中国学生来说，还存在很多令大家感觉枯燥乏味的内容。特别是第二章中关于第二次世界大战以前的日本道德教育相关内容，可能会让很多读者觉得无趣。在这里，我建议各位读者采取跳读的方式进行阅读。不过我也确信，即使是跳读，本书也会给关心道德教育的广大中国读者带来一定的启发。

    能够作出这样的结论，原因有二：首先，本书不同于以往出版的那种对道德教育常识进行解释说明的书籍。比如，书中虽然涉猎了大量关于日本道德教育的内容，但是并没有对日本文部科学省提出和制定的道德教育政策进行毫无批判的盲目追随。其次，本书也不是专门为了反对和批判文部科学省的道德教育政策而写作的。本书真正的写作意图，是为了从更加广阔的视野出发，来观察日本道德教育的历史和现状，以期为日本道德教育以及中国、韩国等亚洲国家道德教育的未来发展，开辟出一条崭新的道路。写作之初做这样的考虑是因为，世界通用的、真正的道德教育并不是像欧美以及中东各国那样以绝对的一神教为前提的道德教育。对于日本和中国这样的国家来说，我们没有绝对的国家宗教，而真正的道德教育恰好只能产生于这些没有宗教约束力的国家和地区。也就是说，在世界范围内，只要是在没有绝对宗教约束力的国家和地区，就有可能产生推动世界发展的优秀道德教育。这也就意味着，这些国家和地区承担着创造真正道德教育的世界性使命。我们再缩小到学校教育的视野来看，由于这些国家和地区中学校承担着主要的社会化教育任务，而不像基督教国家及伊斯兰教国家中常由教会、教堂主导其社会化教育进程，因此道德教育在这些国家和地区中所承担的重要教育功能便不言而喻。正是基于这一思考，本书与以往千篇一律的道德教育书籍完全不同，还希望中国读者们能够坚持读到最后。

在过去的 20 年里，以文部科学省为核心的日本道德教育界一直将"心灵教育"作为金科玉律来提倡，这种做法依然持续至今。在这样的背景下，笔者提出的"摆脱心灵教育"的建议无疑会招来众人异样的眼光，而且可能也会让那些一直致力于推进日本道德教育的文部科学省负责人感到反感。但是，大胆将这样敏感的词汇作为本书的标题，实是由于笔者难以忍受目前教育界过度推崇心理主义的不良现象。

心理主义是指运用价值和真理等抽象概念来解释、分析个人心理活动，并以人的内部心理过程为研究重点的心理学方向，它具有极其明显的方法论特征。心理主义虽然广泛应用于教育界、政界以及经济界，并发挥着重要作用，但实际上对于高速发展的国家和社会来说，心理主义也存在极为危险的副作用。然而，日本道德教育界完全没有发觉它所带来的副作用，还在大范围地推广和宣扬。这就导致目前心理主义不仅仅存在于道德教育界，还完全渗透到学校的全部教育活动之中，而且这种趋势将会一直持续下去。作为一名教育工作者，我有责任为消除日本教育发展中的负面因素来贡献一份力量，以期能够复兴日本道德教育。

最后，我想借用《论语》中的一句话"德不孤，必有邻"来作结。同属于东亚文化圈的中日两国，不仅是一衣带水的邻邦，在传统文化、思想和教育等方面也都有很多相似之处。如果两国学者和教育工作者能够互相交流，切磋琢磨，那么构建崭新的道德教育将指日可待。在这里，我由衷地期待作为享誉世界的文明古国——中国，能够探索出适合本国国情的优秀道德教育发展之路，同时也希望通过中日两国学者的共同努力，创造出能够影响世界的真正的道德教育。

日本筑波大学学群长

中国东北师范大学名誉教授

吉田武男

序

　　所谓的互相了解不是指要完全掌握对方的情况，而是要怀着信赖与关爱之情与对方相互信任。人不应该企图窥探他人的本质。如果不是出于让精神错乱者回归正常的目的，那么擅自的分析别人就是一种卑鄙的行为。这不仅仅是（对他人）身体上的侮辱，更是一种（对他人）精神上的侮辱，所以我们应该对之（对人的本质）加以尊重。灵魂（或者精神）是一种被不可去除的覆盖物包裹着的东西，真正的灵魂并不是一眼就可以看懂，总有一些障眼的东西存在。因为我们之间如此亲密，我就拥有了解你所有想法的权利——这种态度对于任何人来说都不会被允许，即使是母亲对自己的孩子。所有类似的要求都愚蠢至极而且危害他人。①

　　上面这段话出自著名学者阿尔贝特·施韦泽（Albert Schweitzer，1875—1965 年）的自传。之所以引用这段话作为开篇，是为了起到一定的警示作用。因为施韦泽所提及的"卑鄙的行为"和"愚蠢的事"，近年来不仅仅对日本社会，还频频对养成人们品性和品格的道德教育构成了威胁。

　　具体而言，一些与精神疾病病名不同的"心理主义词汇"（心の言葉）在现代社会逐渐泛滥。比如"心理阴暗"（心の闇）、"心灵之伤"（心の傷）、"心灵所属"（心の居場所）、"无意识"（無意識）、"自我肯定"（自

---

① Albert Schweitzer：《私の幼少年時代》，波木居斉二译，新教出版社，1950 年。

己肯定感)、"自我实现"(自己実現),"关注自我"(自分への気づき)、"自我探索"(自分探し)、"抑郁"(引きこもり),等等。总之,只要人们感觉不快乐,或出现对生活失去信心等类似的状态,就会被认为患上了"心理感冒"(心がカゼ)。所以,最近常常能够看到书店的书架上摆放着很多心理学书籍,或者更准确地说不是那种传统意义上的科学实验类、神经类、认知类的心理学,而是混杂着诸如宗教传统等其他多种要素在其中,很多人甚至将以临床心理学为基础的启发式书籍作为人格修养乃至人际关系的入门指南。不难发现,所有现实中的社会和生活问题都被当作个人心理问题来对待处理,是导致这种社会趋势形成的根本原因。总之,与社会还原论相比,个人还原论① 在现代文化趋势中占据着绝对优势。因此,为了引导社会和生活问题向更好的方向发展,照抄照搬心理学知识和技巧的心理主义倾向逐渐在日本教育界蔓延开来。随之,许多教育工作者也开始积极响应号召,他们高呼"心灵教育"的口号,极力推广心理主义,且愈演愈烈,时至今日也很少听到反对的声音。

当然,心理主义趋势在日本社会过度盛行不单纯是由于受到了专家们故意设计的"自己点火又自己灭火"(マッチポンプ火付け役と火消し役)② 这一宣传活动的影响,也是为了迎合那些急待解决个人心理问题的人们的需要。正是在这种相互作用下,心理主义逐渐被推崇和宣扬。所以,偏重于心理主义的趋势是在以物质、金钱的充足为第一要义的价值观背景下,由日本社会变革和经济高速增长所导致的后遗症之一,它也是个人主义社会文化的一个侧面。从这个意义上来讲,这种趋势是属于日本社会所独有的特征。因此,心理主义不仅仅存在于企业、学校和家庭,它是渗透在整个日本社会之中的普遍文化现象。

---

① 社会还原论:当某些现象或者问题发生时,从社会环境等外界因素出发寻找问题产生原因的观点。个人还原论:当某些现象或者问题发生时,从自身内部因素出发寻找问题产生原因的观点。——译者注

② 日本俗语,意为拨弄是非渔利。即自己平息自己挑起的纠纷,再向当事人提出要求,以敲诈勒索财物或得到利益。——译者注

　　尽管如此，对于现在的日本社会来说，如果对这种偏重于心理主义的趋势放任不管，是没有任何益处的。之所以得出这样的结论，是因为如果现实生活中的社会问题总是被当成个人的心理问题来对待，进而寻求解决办法，那么人们只能通过循环往复地接受心理咨询和相关治疗方案，来适应由"情感劳动者"（感情労働者）①制造的社会环境。最终，对症下药的解决办法也只能停留至此。那么，建立在看清社会现象的问题结构基础上，谋求对共生共存的现实社会进行改善和改革的视点将完全泯灭。

　　同样，上述问题与学校教育的关系也极为密切。具体来说，在偏重心理主义思想的影响下，青少年出现的问题都被当作个人心理问题来处理，会导致人们忽略改善学校教育中的矛盾和不合理现象等根本问题的重要性。比如说学生不喜欢上学的原因是因为考试成绩差，可是在心理主义思想的影响下，教师在解决和处理这类问题的时候，首先假定学生已经无条件同意和接受考试形式的存在，再去关心学生的内心状态和心理变化。但是像"到底有没有必要举行对学生们来说原本就很压抑的考试"，"考试能不能够准确地检测出学生们的学习能力"，"这些考试题目中所考核的知识和内容对于在社会上生存的学生们是否有益处？"等根本问题却无人问津。因此，在学校教育中，过度依赖具有较强个体还原论特质的心理主义，忽视对学校教育进行稳步改革等不良现象，都需要引起我们的高度警惕。

　　然而，在现实学校生活和教学中，各种各样的心理主义技巧和方法都在广泛应用。当然，道德教育也不例外，其中最具代表性的就是将"自我实现"这个词汇道德化。除此之外，文部科学省编辑发行的道德资料的名称不是"道德笔记"，而是"心灵笔记"（心のノート）②，从这一点便足以说明道德教育深受心理主义影响。

　　当然，如果在学校教育中能够适当地运用心理学特别是临床心理学

---

① 专门从事解决情感问题职业的人。——译者注

② 心灵笔记：由日本文部省发行，是小学"道德时间"中使用的资料，相当于中国的道德课教科书。——译者注

的知识、技巧和方法，会带来非常显著的教育效果。心理学作为有效的教育工具之一，在学校教育中的积极作用毋庸置疑。但是，我们必须避免在学校教育中，特别是在道德教育领域对其过分依赖。究其原因，道德作为人们在现实社会中共生共存而必须遵守的准则，内容非常丰富、具体，不能将其简单地概括为个人内心的虚拟活动。也就是说，道德教育的目的不应只停留在关注个人内心活动的层面，它的真正使命和任务是引导青少年对现实生活中的所有事情进行正确的认识和感知，培养他们拥有能够正确行动的勇气和信心。关于心理主义道德教育的危险性，50 年前时任日本道德教育学会和日本伦理学会会长、作为道德教育核心推动者之一的腾部真长先生曾作出过深刻解读，他明确指出："尽管第二次世界大战后人们在对心理主义的思考中找到了全新教育的答案，但是心理学作为研究人类心理事实的科学，虽能够有效解除人们内心的烦恼，却不能直接用来解释"人应该怎样生存"或者"我们应该成为什么样的人"等问题。换句话说，从心理不能得出伦理，从"它应该是这个样子"的心理事实出发，不能直接得出"必须这样做"的结论。

viii

　　所以从现在开始，全新的道德教育所要发挥的作用应该是：努力摆脱心理主义的束缚，即不能让青少年沉浸于自己的虚幻世界之中，要引导他们在与现实社会紧密联系的前提下，发现自身生存的意义。如果不这样做，对于像"为什么不能欺侮同学"、"为什么不要自杀"、"自己是为了什么而生存"、"为什么要与人为善"这样对于青少年来说最根本的质问，在道德教育中将不会找到答案，敷衍地用面向个人的对症治疗方法只会搁置问题而不会解决真正的问题。另外，如果这种现象长时间持续下去，就会切断青少年与他人及社会之间相互联系的纽带，并会让他们的内心越来越封闭。这种内向、自卑、胆怯的青少年在日本社会中将会大量涌现，他们无疑成了与心理保护相关的心理健康和心理疾病产业的受害者。长此以往，他们就很难再适应现实的国际化社会。同样，他们作为社会一员的能力也将退化。毫不夸张地说，国家的综合国力也会随之降低——这不正是国家衰退的表现吗？教育本身具有重要的社会功能，它的作用和使命是在瞬息万变的全球化社会中抵挡住来自各个方面的压力，并不断增强社会成员自身的免疫力。对于道德教育来讲，就是要重构和培养青少年的坚强意志和气魄，这才是全新日本道德教育应有的理念。

基于上述问题意识，本书将对过去及现在的日本道德教育理论与实践进行梳理，分析其优劣，并在对现实状况进行反省的基础上，描绘和重构未来健全的道德教育美好蓝图，用最通俗易懂的语言对基本内容和知识进行详细阐述。

另外，为了增进读者的理解，本书在最后附录了道德教育理论和实践的"用语篇"、"资料篇"，请各位读者参照阅读。

iv

吉田武男
2013 年春

第一章　道德教育如何改变？

1. 为什么要呼吁道德教育？

近年来，在公共汽车、电车、图书馆甚至是大学课堂这样的公共场所，时常会发现毫不顾及其他人目光，自顾自地打电话、化妆的年轻人。而且，像这样不恪守公共道德，公共意识淡薄，并以自己为中心的年轻人还在不断增多。虽然上述这些现象在成年人中也时有发生，但是不可否认的是，在当代年轻人群体中也普遍存在社会道德缺失的状况。我认为即使对他们进行了"要有礼貌"、"要听话"这种外在的教育，也不能从根本上改变他们道德规范缺失的现象，所以这种状况在短时间内并不会轻易得到改善。其原因在于本应该给青少年树立榜样的成年人们并没有严格要求自己，违反道德规范的事情更是时有发生，尤其在当今快速发展的信息社会，这些事情很快就会被年轻人获悉。而且，没有做好榜样的成年人们不仅不虚心反省，还以权威者的姿态对年轻人进行灌输式的道德说教，强迫年轻人把本来十分丰富的道德教育内容当成是虚无缥缈的抽象的事物来接受。长此以往，只会让年轻人远离道德的本质和核心，他们社会道德缺失的状况便没有改善的希望。

另外，除了这种身边的社会道德问题之外，青少年群体中也经常发生恶性事件。以大众传媒频繁报道的各类青少年犯罪事件为例，仅仅回顾近十年，就有1997年神户连续杀害或打伤儿童事件；1998年枥木县女教师被

1　杀事件；1999 年光市母子被杀害事件；2000 年西铁巴士抢劫事件和大分市一家六口被杀事件；2003 年长崎男童被诱拐事件；2004 年佐世保小学同年级的六个女孩被杀事件；2007 年会津若松地区的一位母亲被杀事件和寝屋川便利店抢劫杀人事件；2008 年八户市母子三人放火杀人事件；等等。还有最近被大肆报道和宣传的 2012 年大津市中学生自杀事件，相信这些恶性事件都还清晰地存在于我们的记忆之中。看来这些犯下罪行的青少年就连"不能杀人"、"不能伤害人"这样自古以来流传下来的最基本教诲都已完全忘记。令人更加遗憾的是，像这样突破道德底线的少年犯罪在日本各地仍在不断上演。

　　不过，从大体上看，近几年青少年犯罪事件总数呈逐渐递减趋势。以少年犯的人数以例，2003 年为 144404 人，2004 年减少至 134847 人，2005 年为 123715 人，2006 年为 112817 人，2007 年为 103224 人，2008 年为 90966 人，2009 年为 90282 人，2010 年为 85864 人。因此，媒体所报道的"少年犯罪在急速增加"这一说法并不准确。

　　最近还有一些人指出，"因为现在的少年越来越凶残，所以青少年犯罪才频频发生"。我认为这种说法并不合理，因为残忍的少年恶性犯罪事件并不是最近才开始发生。例如，从 1941 年开始的两年间，17 岁少年（最后一次作案时已经年满 18 岁）在滨松杀害 9 人，致残 6 人的事件；1965 年18 岁少年用手枪射杀警察后逃逸，后又在手枪店劫持人质，抢夺手枪、胡乱扫射的"少年枪魔事件"。诸如此类凶恶至极的事件，在过去的日本就曾发生过。列举了过去种种性质更加恶劣的事件之后，大家可能会发现，少年犯罪事件并不是当下独有的特殊现象。如果把现在这些犯罪事件的凶残程度和过去相比，相信大家也很难作出孰高孰低的判断。

　　发生于 1997 年的神户连续刺杀伤害儿童事件，可能就是最近几年少年恶性犯罪事件中的代表。因此，为了今后不再发生这样令人痛心的事件，也为了更好地了解施暴者动机及其"心理阴暗"现象，更为了培养出具有道德2　性和丰富内心的人，就形成了当前以寻求青少年内心为焦点的"心灵教育"（心の教育）。事实上，在 1997 年神户事件发生的一年后，中央教育审议会发表了题为《为了培育开拓新时代的心灵——丧失培养后代心灵的危机》的报告，并在报告中明确提出了要重视年轻人道德荒废的现象，同时还强调要充实"心灵的教育"，养成"生存的能力"（生きる力）。在 2003 年 3 月由中央教育审议会发表的题为《关于适应新时代的教育基本法与教育基本计划的构想》的报告中，不仅提出了"养成丰富的内心（豊かな心）和健康体魄的人"的观点，还在此基础上对"丰富的内心"进行了具体翔实的论述：

> "丰富的内心"作为人格养成的基础，必须更加注重培养，对青少年"丰富的内心"的培养尤其重要。具体而言，对于作为社会生活主体的人们来说，使他们在青少年阶段养成最基本的规范意识的同时，还要培养他们养成自律、诚实、勤勉、公正、有责任感等品质，帮助他们树立正常的伦理观，学会感恩和体谅别人，等等。在此基础上，还要教育他们学会换位思考、理解关心他人，要有礼貌，热爱大自然，会因为美的事物而感动；珍惜生命，对自然和一切崇高的事物怀有一颗敬畏的心。实现这样的教育是十分必要的。①

总之，报告中强调，培养"丰富的内心"是人格形成的基本条件。它所强调的是青少年在规范自己意识的同时，使内心达到理想的状态。不过，虽然报告中强调了"心灵教育"是道德教育的必修课，但是"心灵教育"也存在较为明显的缺点。比如，由于"心灵教育"只着眼于每个人的内心世界，就会导致人们忽略问题行为产生的背景。遗憾的是，大多数教师和教育工作者对这样的道德教育问题并没有提出任何质疑，直到现在他们仍然全盘接受这个观点。我认为如果这个问题一直没有得到应有的重视，那么青少年的道德荒废，各种各样的犯罪行为，以及割腕、自残、自杀等种种现象，就会逐渐被人们当作个人心理问题来看待。

除了上述状况以外，或者说在此现状的基础上，为了规范日渐滑坡的道德意识、克服青少年自尊心丧失等现象，道德教育方针亟须进一步强

---

① http://www.mext.go.jp/b_menu/shingi/chukyo/chukyo0/toushin/sttach/1334207.htm.

化，当然，这不仅仅是教育界自身应该考虑的问题，也是政府应该着手解决的问题。从现在开始，对道德教育的争论将会愈加激烈。

2. 道德教育的现状

正如前面所描述的那样，即使是现在，学校等教育机构在课堂上仍然普遍使用陈旧的教学方法进行道德教育。所谓陈旧的方法是指教师通过阅读一些书面资料的内容，比如副读本（副読本）①，然后与学生们相互交流，并在这一过程中引导学生掌握其事先所期望的道德价值观念。我们也可以把这种道德课程形式称为"心情把握型"（心情把握型）课程，或者说是"副读本活用型"（副読本活用性型）② 课程。

一些不满足于这种方法的人们，还在热心追求和尝试其他新的理论。包括从美国传入的科尔伯格理论和伊藤启一（伊藤啓一）等人提出的"统合式道德教育"理论等，以及以日本文部科学省学科调查官为核心的相关教育专家们提出的理论（包括"构造化方式"理论、"综合单元式道德教育"理论等），还有汲取了民间法制化运动过程的"道德教育改革集团"理论等，它们都被广泛传播。③

---

① 副读本：教辅读物，教学中使用的参照教科书编写的辅助性学习材料。——译者注
② 副读本活用型或心情把握型：通过对副读本中登场人物的心情进行把握，引导学生理解这些人物的内心想法以及他们进行道德活动的初衷和目的，以此来规范学生的道德意识。——译者注
③ "统合式道德教育"理论：由伊藤启一等人提出，是将多种既有的道德教育理论进行综合而提出的全新道德教育理论。"构造化方式"理论：由金井肇提出，认为价值体系是后天形成的，这种价值体系的构造是由对于每个人来说非常重要的道德价值有序排列而成的。"综合单元式道德教育"理论：由押谷由夫提出，他主张确立以儿童为主体的道德学习，整合各种道德学习机会和场合，主体性和综合性是其核心思想。"道德教育改革集团"理论：由深泽久等人提出，主张寻找文部省所规定的道德教育方法之外的更合适、更有效的模式来推进道德教育。——译者注

在上述理论产生和传播的过程中，强调内化过程重要性的"价值澄清"（価値の明確化）等理论逐渐被引入日本并普及起来。伴随着这些理论的逐渐推广，日本道德教育理论和方法朝着具有较强心理主义特征的方向改变。另外，以促进全体成员的心理成长为目的的"交友小组"（エンカウンター・グループ）和"技巧训练"（スキル・トレーニング）等心理学方法也被导入到道德学习中来，这些方法基本与上述理论的性质相吻合。在这样的背景下，文部科学省制订并发行了《心灵笔记》。正如该书的书名一样，日本道德教育明显体现出其深厚的心理主义色彩。

我认为这种在道德教育中部分引用心理主义方法的尝试，对于改善那些还没有摆脱陈旧道德教育方法的学校来说具有积极意义。之所以得出这样的结论，是因为从道德教育的理论层面来看，道德的知识化与支撑着道德教育方法的理论根据在根本上是紧密相连的。另外，伴随着这样的改变，也会使青少年的兴趣爱好和内心情感世界得到更充分的尊重。因此，像这样对青少年内心世界尊重的尝试是道德教育中不可或缺的内容，具有极其重要的意义，我们不应该完全否定这种尝试对于全体教育的积极作用。

从词根来看，"道德"这一词汇与社会生活习惯和习俗紧密相连。正因为如此，道德教育的目标不仅是关心和了解青少年，或者说也不特指从青少年的内心世界出发来进行归纳总结。从根本上来说，道德教育的目标就是使青少年在自己赖以生存的社会中提高自己的道德意识和价值目标，或者说要引导和支持青少年追求超越现实社会的更高层次的"生存的意义"（生きるの意味），最终实现自我价值和社会价值的双重统一。如果这样的目标能够实现，那么那些以自我为中心的膨胀、杀人、自杀还有校内欺辱、逃学等问题便会迎刃而解。为了达到这个理想目标，尝试了解青少年的心理状况是接近目标的有效方法之一，或者说，除了这种方法应该没有更好的选择。

但是，道德教育如果过于依赖心理主义方法，就不可避免地会脱离社会和生活实际。这种执拗于从每一个学生的心理状态出发找到解决办

4

法，并将这种心理主义分析方法当成是"万能解药"的道德教育形式是不可取的。换句话说，这种将"自我实现"（自己实现）以及"人类中心主义"（人间中心主义）等观点作为哲学基础的道德教育，虽然其中"充分尊重自己的决定权"这一观点是人类创造出的最优秀的理念，但其中偏执于以自我为中心，优先考虑个人意愿，只重视自身发展，不从全局出发来俯瞰事物发展等观点，还是值得我们重新思考和审视的。尤其是在青少年的道德教育问题上，如果一味地使用心理主义方法去迎合每个人的内心世界，很容易导致他们忽视对传统文化价值和社会生活基本规范的学习。因此，我们应该尽可能通过道德教育引导青少年从俯瞰的视角出发，发现与社会生活紧密相关并作为最终目标的"生存意义"的深刻内涵。总之，对于自杀、欺辱、啃老族、少子化（少子化）①和孤独死（孤独死）等社会问题广泛存在的日本社会来说，摸索创造出尊重自我及他人在内的全体生命的道德教育刻不容缓。即使会被大家批判，我也想在此大胆提出自己的主张，我认为当事人以自我为中心的思考方式来看待问题及处理问题是"自杀"、"欺辱"（いじめ）以及"啃老族"（ニート）等问题产生的主要原因。另外，关于日本日益严重的少子化问题，我认为对这一问题的认识不应该只是局限于"不生育就会使某个个体的生命不会被延续"这一层面；之所以形成这种认识是因为没有考虑到人除了自然遗传的使命外，还具有其特殊的社会使命。因此，如果没有认识到育子过程中所包含的"生存的意义"及"生存的理由"等内涵，只是过分关注自身的生命和生活状态，长此以往，不仅会给当事人带来不幸，可能还会给全社会和全人类带来不幸。孤独死现象频繁发生，应该说是人与人之间的纽带以及相互之间的联系整体弱化的具体表现。从这个意义上来讲，我们迫切期待创造全新的道德教育。但令人遗憾的是，目前连热衷于从事道德教育方面工作的人们也没有认识到心理主义的负面影响，他们深受以"自我实现"和"以自我为中心"等观点为主要特征的犹太、基督文化圈世界观的影响，将它作

① 少子化：指生育率下降，造成幼年人口逐渐减少的现象。——译者注

为理论基础不加批判地全盘接受。

弗洛伊德、埃里克森（Erickson，E. H.）、布伯（Buber，M.）、弗兰克（Frankl，V. E.），包括马斯洛（Maslow，A. S.）在内，这些名家都来自于犹太民族，在惊叹于他们都出自同一个民族的同时，我还进行了这样的思考：虽然这是一个只有不幸流浪历史的民族，但由这些著名思想家和教育家们所创造并提出的人类学观点（爱自己和强调个性），却是这个世界上其他民族冥思苦想也不得其果的优秀理论成果。这些优秀的学术理论成果不仅为我们在思考生存方式和理想生存状态时提供了积极有益的参考，也常常让我们不得不被这些理论的先进性和前瞻性所折服。然而正是出于对这些理论的崇拜和敬仰，导致教师在教学过程中时常出现对这些理论绝对赞成、盲目追随的情况。比如，在日本的学校中，马斯洛所提出的"自我实现"这样的词汇被完全道德化地接受和加以使用。尽管这个词汇对于人性养成来说具有非常积极的意义，但不管是在彰显青少年成长过程的时候，还是在表达优秀老年人最终状态的时候，"自我实现"都存在被过度使用的情况。大家把推理出这个概念的马斯洛看成是完成了"自我实现"的标志性人物，比如他通过对歌德和华盛顿等伟人的分析，总结推理出"自我实现"的基本特征，也就是说，在许多年前人们就可以把自己现在的样子描绘出来。① 所以说，如果把这个概念作为对所有青少年普遍的、唯一的衡量标准，并用它来预测青少年未来的各种可能性的话，那对于与犹太民族宗教、文化背景完全不同，个体意识弱化且不完全成熟的日本青少年来说，将是极其危险的心理主义方法。这也就意味着，毫无批判地照抄照搬混杂着欧美价值观念的概念和理论，会导致日本人丧失原属于自己的独特个性。这种做法存在着诸多隐患。

特别是包括日本在内的中国和韩国等所有东亚各国，都没有一神教的宗教世界观传统，而是允许多种宗教信仰存在，同时还有独立于宗教且

---

① マズロー：《人間性の心理学—モチベーシュンとパーソナリテイ》，小口忠彦监译，産業能率短期大学出版部，1971年，第227页。

历史悠久、源远流长的独特传统道德观。正因为如此，这些国家不仅仅在对待人类、自然、宇宙的判断方法和相互联系的方法上与欧美、中东各国存在很大差异，在道德观和伦理观上也存在根本性不同，这是显而易见而不用赘述的常理。在全球化背景下急速发展的现代社会，充分理解宗教、文化背景不同的道德观和价值观的同时，更要坚持自己固有的传统价值观念。对于这个问题，日本现在大多数教育工作者还缺乏充分的认识，或者可以说很多人根本就没有意识到这个问题的存在。这种完全模仿其他国家道德教育理论的做法是不可取的，应该从根本上加以改变。同样，对于这个问题没有清晰的认识，只是单纯地模仿日本道德教育模式的做法，也必须改掉，这一点是毋庸置疑的。

7

第二章　日本道德教育的历史回顾

1. 明治时代以前的道德教育

回顾江户时代的道德思想，我们不难发现道德与宗教有着密不可分的联系，尤其是道德与儒教的关系更为密切。江户时代以前，儒教思想主要通过根据大宝律令的学制设立的大学寮和国学校等学校教育机构进行传播。进入江户时代以后，儒教思想才开始广泛传播和普及。当时各种学派交织融合，旧学说不断分化，新学说层出不穷。新学说中最具代表性的是由林罗山（林羅山）创始的朱子学和以中江藤树（中江藤樹）、熊泽蕃山（熊沢藩山）等人为代表的阳明学。

这两种学说的差异主要表现为，朱子学固守儒学传统，具有保守主义倾向，是江户时期思想文化的核心组成部分；阳明学具有批判腐朽、改善社会、文明开化等全新特征。因此，作为江户时代占统治地位的意识形态，也作为幕府统一思想的手段，朱子学受到江户幕府和各藩（在幕府体制下，幕府是国家的最高政权机关，将军是日本的最高统治者。德川家康夺取政权后，没收了丰臣氏和其他战国"大名"的领地，把最重要和最富足的地区作为将军的直接管辖领地，称为"天领"，其余的土地分别赐予其他封建领主"大名"。幕府统辖近300个封建领主"大名"，大名的领地称为"藩"。①比如，曾提出过脍炙人口的"不应该做的事情就不能

---

① 参见饶从满：《日本现代化进程中的道德教育》，山东人民出版社2010年版，第31页。本书关于日本幕府和藩的具体解释，直接引用于该著作。——译者注

做"藩规的会津藩，等等）的保护与支持。总之，在维护身份等级秩序的封建社会，朱子学重点强调了臣的奉公效忠，在维护君臣主从关系上发挥着最重要的伦理基础的决定性作用。特别是对"义"的理解，一改原来中国朱子学中"君君，臣臣，父父，子子"的主从关系的含义，引申为"臣必须对君主绝对服从，要完全效忠于自己的君主"等含义。另外，在对待"忠"和"孝"两者关系的问题上，著名的朱子学家贝原益轩（貝原益軒）认为，和"忠"相比，"孝"应该是道德的基础。同样针对这个问题，著名阳明学家中江藤树主张，"孝"作为最根本的德性，并不仅仅局限于孩子对父母所尽的孝道，还应该包括对人类共同的社会——天地的主宰者的孝悌之情。

除此之外，儒学家当中还涌现出如伊藤仁斋①这样的优秀人物。伊藤先生曾明确指出，"仁"是最基本最重要的德目，同时还强调要重视"义"、"礼"、"智"等道德要目，要通过教授这些德目来实现对它们的深化和普及。当时还涌现出了诸多像山鹿素行（山鹿素行）②这样提倡古文辞学的人物，他们将武士的生活方式和生活态度理想化，提倡武士树立"清廉"、"正直"的伦理精神和道德观念。

另外，不只是儒教，佛教对江户时代的道德思想也产生了非常深远的影响。当时，儒教主要被引入武士阶层的蕃校等教育机构之中，而佛教则被庶民阶层广泛接受。佛教同儒教一样，内容和形式非常丰富。因此，很难对其特征进行概括总结。最初的大和时期和奈良时期，统治阶级为了保证国家和平稳定、民泰安康便把佛教与政治势力紧密地结合起来，尤其重视佛教思想与道德之间的联系。关于当时佛教思想对国家道德中的影响，特别值得一提的是由圣德太子起草的《十七条宪法》，它的主要内容是当时约束官僚和贵族的基本道德规范，其中包含许多受儒教和佛教影响而产生的内容。至平安时期，佛教不仅开始受到国家和政府的保护，还被

---

① 伊藤仁斋（1627—1705 年）：日本江户时期儒学家，古义学派的创始人，研修朱子学。——译者注

② 山鹿素行（1622—1685 年）：日本江户时期儒学家、兵学家。——译者注

作为重要的宗教来推崇。镰仓时期以后，佛教思想盛极一时，不仅被全面推广，而且逐渐演变为能够挽救众生的大众化宗教。

众所周知，镰仓时期涌现出了一系列知名佛教派别。其中，净土真宗（日本佛教宗派之一）的宗祖亲鸾（親鸞，1173—1262 年，日本镰仓初期僧人）提出了"善人尚能往生，何况恶人哉"的观点，强调如果依靠自己力量（自力）的圣人能够得到救赎，那么完全依靠佛、菩萨力量的普通人（他力）也能得到救赎①。和亲鸾圣人相比，道元（日本镰仓时代僧人，曹洞宗的创始人）则重视推行"静虑的佛教"，强调自身的修行。另外，日莲圣人（镰仓时代僧人，日莲宗的始祖）主张信奉《法华经》，尝试通过实践创造出不仅能够救赎众人，更能救赎国家的佛教。不管怎样，镰仓时代各个宗教派别都在以不同的形式向广大人民宣传各自的宗旨和教义，也正因为如此，佛教思想开始逐渐从武士阶层深入到庶民阶层当中。

江户时期，寺院的军事力量逐渐削弱。为了禁止天主教的传播，寺院制定了各种法律制度和寺请制度，作为对一般庶民的统治监视制度。正是在这些制度的约束下，佛教作为政治统治工具完全渗透到庶民阶层当中。因此像"托您的福"、"一切都是缘分"等极具代表性的佛教用语逐渐衍生为"非常感谢（感激）"之类的日常生活用语，在庶民阶层的生活中"生根发芽"并不断普及开来。

谈到明治时代以前对道德思想产生影响的宗教，除了上面所介绍的儒教和佛教之外，不能不提及神道教②。当然，神道教也同儒教和佛教一样错综复杂，所以不能简单地进行概括和总结。概而言之，神道教虽然是宗教的一种，具备宗教的基本特征，但从构成来看，它还包含了其他宗教

---

① 恶人正机说：出自《叹异抄》，年代不详。——译者注

② 神道教：简称神道，起初没有正式名称，为了区分日本固有的神道与外国传入佛法，创造了"神道"一词。神道是日本民族固有的传统宗教实践以及维持该传统宗教的生活态度和理念，从萨满教发展而来，视自然界中各种动植物为神祇，大体分为神社神道、教派神道和民俗神道三个派别。——译者注

所不具备的特质。比如，最初的神道教与基督教和伊斯兰教等宗教完全不同，它既没有教祖，也没有教义和经书。正是由于具备这样的特殊性，神道教一直都没有被纳入宗教的范围之中，而是作为日本独有的一种宗教或者称之为宗教式活动，与儒教、佛教并立，在明治时期以前盛极一时。

如上所述，由于神道教从明治时代开始便作为国家神道而被政治势力所利用，所以直到现在，人们对于神道教的认识还存在误区。正如前面所叙述的那样，神道教既没有教祖，也没有教义和经书，它常常将广阔大自然中的各种动植物奉为神灵，所以神道教是基于对大自然的敬畏和敬仰而建立起来的宗教（道）。虽然与儒教和佛教等只信奉一个神灵的宗教相比，神道教如萨满教（原始宗教形态的一种，萨满通过与超自然的存在直接交流来进行占卜或治疗疾病等活动）一样具有信奉多个神灵的特征，但神道教在本质上却与萨满教完全不同。

最初的神道教，也称为古神道，是融合于大自然中的"惟神（随神）之道"（神道教的别称），是不对峙、不排他的生活之"道"。正因为如此，通常情况下，神道教尊重"不故意提及、不扬言"的主张，具有无限的包容力和宽容力，或者换句话说，神道教主张顺其自然（当然，也有其他派别在强调这点）。同时，神道教要求人们消除私心，回归到作为道德心境的"清心"和"明心"之中（日本神道中用以表示基本内心状态的用语，意为与生俱来的洁净本性），这将成为良好道德规范的具体体现。事实上，回顾历史，当儒教和佛教这样的外来文化传入日本的时候，神道学家们并没有发起明显的排斥运动。不仅如此，还出现了像"本地垂迹学说"（认为日本神道中的神是佛和菩萨本体取俗世之形而出现）这样代表着融合共存的思想。虽然神道教具备这样先进的共荣共生特征，但是由于第二次世界大战前的神道国教政策给人留下了善战的印象，所以很遗憾直到现在大多数人对神道教依然持否定态度。比如，像"大和魂"这样的词语，尽管只是在战时为了鼓励日本人而提倡，但直到现在人们对这个词的认识仍然停留于原来的含义。这个词原本的意思是，以神道教中所主张的清澈纯洁为根本，爱惜自然并尊敬存在于自然中的圣人们，有秩序地安排好自己的生活。

回顾明治时代以前的历史便不难发现，江户时代很多思想家和学者都大力提倡回归本源，即重视日本在受儒教和佛教影响之前所推崇的固有的传统精神和思想。其中最具代表性的人物有：贺茂真渊（賀茂真淵）和本居宣长（本居宣長）等国学名家，他们将古神道教的教义进行归纳整理，形成了固定体系；平田笃胤（平田篤胤）和大国隆正（大国隆正）等人在前人的基础上将其完善，并不断推广开来。这里特别值得一提的是本居宣长，他主张要摒弃受中国国风影响产生的自作聪明的想法，推崇超越善恶、贤愚等价值判断标准的真诚态度，这种想要回归最初纯粹古日本的思想，正是古神道最显著的特征。

像这样包含古神道在内的神道教思想，不仅深深地影响着明治维新时期"尊王攘夷"、神佛分离、废佛毁释① 等运动，还广泛应用于普通百姓的日常生活以及祭祀祭典活动之中，甚至可以说它存在于每个人的内心深处。比如神道教中的"净身"一词（如果人有罪或不洁，需要在参加神道教仪式之前用水洗净身体），逐渐演变为"洗净身体"，是指在新的一年开始时跳入冰冷的海水中，以祈求没有病痛、没有灾害之意，并且一直延续至今。再比如人们在"真心祈愿"时一般会说"许愿"，这个词语也源于"净身"，即在"净身"仪式中将自己清洗干净，企盼神灵能够把自己内心中污秽的东西去除。因此，不知不觉中神道教思想便深深地植根于人们的日常生活与生存方式之中，并成为日本人伦理观和道德观的潜在投影。

综上所述，儒教、佛教以及神道教对明治时代以前的道德教育产生了巨大而深远的影响，这一点在当时的道德教育机构中也有体现。江户时代的武士教育与庶民教育都有自己专门的教育机构，其中武士的孩子们的教育主要通过藩校进行，而庶民的孩子们的教育则主要通过寺子屋（寺子屋）进行。藩校没有开设专门的道德教育学科（比如，明治时期设有修身

---

① 废佛毁释：明治时期发生的排斥佛教运动。——译者注

12　科进行道德教育），而是通过学习汉学古典来对武士进行道德教育，即主要通过听、说、读、写等基本学习方式，对汉学读物进行素读（只读字面，不求其意），之后再进行集体讨论。江户后期，许多藩校开始按照朗读、讲授、会读这样的步骤展开教学。藩校在通过汉学古典进行道德教育的同时，也将历史书籍作为道德教育的教科书，同时也特别重视武士的礼仪训练。总之，藩校中的道德教育具有浓重的儒教色彩。

庶民教育机构寺子屋是江户时代为庶民开设的初等教育机构，由武士、僧侣、医生和神职人员等担任教师。寺子屋的主要教学科目是读书、习字、算术等与生活密切相关的实用科目，其中与道德相关的学科——"教训科"（教訓科）课时很少。寺子屋采用的教科书被称为"往来物"①，是"教训科"进行授课的主要工具。尽管"往来物"都以教授庶民子弟实用知识为主要目的，但其中也包含许多道德教训的内容。除了寺子屋之外，对孩子们的道德教育也通过家庭和社会等基本日常生活广泛进行。

2. 明治时代前期的道德教育

1868 年 4 月 6 日，明治政府颁布了代表政府全新施政纲领的《五条誓文》。而早在同年的 3 月 14 日，明治天皇率领百官对天地神明宣誓《五条誓文》，具体内容如下：

一、广兴会议，万机决于公论；

二、上下一心，盛行经纶；

三、官武一途以至庶民，各遂其志，人心不倦；

---

① 往来物：在日本，"往来"或"往来物"本来指的是将往返成对的书信收录在一起编纂而成的初等教科书。但是进入近世后，所有的初等教科书都被称为"往来物"。——译者注

四、破旧有之陋习，基于天地之公道；

五、求知识于世界，大振皇基。①

天皇在公卿和诸侯面前宣誓《五条誓文》的内容，是为了向他们表明当时明治政府的基本方针。其中的"广兴会议，万机决于公论"，"上下一心，盛行经纶"，"破旧有之陋习，基于天地之公道"，"求知识于世界"等内容都表明，新政权放弃了幕府时代的闭关锁国政策，转而推行文明开化政策。同时，这些内容也明示了日本当时正处于从封建向近代化国家蜕变的过程中，人们必须遵从一定的道德行为规范来适应社会的转变。尽管这些内容同江户时代伦理观一样具有浓重的儒教色彩，但我们能从其变化上感受到明治政府向西方各国学习的决心。以第五条"大振皇基"为例，明治政府通过"王政复古"政变，推翻了统治日本长达两个半世纪的德川幕府，夺取了中央政权，建立了以天皇为中心的中央集权国家，并将天皇的统治作为国家政治之根本。但是从另一个侧面可以发现，把《五条誓文》作为在神殿面前发誓的誓言，无论是从内容还是方法上来看，都带有很强的古日本神道教色彩。

《五条誓文》还附带敕语（天皇的讲话内容）和奉答书。敕语的内容为："这是日本未曾有之变革，朕当身先率众，誓于天地神明，以大定国是，立保万民之道。尔等亦须本此旨，同心努力。"如前所述，天皇亲自率领公卿、诸侯、文武百官进入紫宸殿举行誓祭典礼，宣读《五条誓文》，号召臣民齐心，为全面推行这个保全万民的施政纲领而共同努力（虽然敕语里的内容应该为天皇讲话，但根据历史古书记载，这段话实际上是由三条实美②宣读的）。不难发现，天皇在对臣民提出要求之前，自己以身示范，率先尊崇祭拜仪礼，敬奉天地神明，并以宣誓的形式公布了《五条誓文》。这种态度本身就蕴含着神道思想的精髓，即追求超脱现实的形而上

① 关于《五条誓文》译文，目前有两种版本，本书直接采用百度百科译文版本，以下不再一一说明。——译者注

② 三条实美（1837—1891年）：明治时期公卿、政治家。——译者注

存在。天皇宣读《五条誓文》之后，群臣根据天皇的指示，将要领记录在奉答书中，当天就有 411 名公卿和诸侯在奉答书上签名，最后共有 544 名公卿、诸侯和 288 名其他官吏签名。

明治政府通过上述举措明确了执政基本方针，将皇道主义进行推广，并得到公卿和诸侯的认可。从道德教育的角度来看，可以说皇道主义成为了全体国民的精神支柱。除此之外，为了在民众中普及皇道主义思想，确立和强化作为新国家统一之象征的天皇权威，明治政府又于 1870 年（明治三年）发布了《大教宣布的诏书》①，表明了天皇是接受神的意志来治理国家，自此，神道与国家政治融为一体。明治政府根据这一宗旨在各府、藩、县开展了大规模废佛毁释活动，盛行至江户时代的神佛合一思想被彻底推翻。在这一时期，神社的存在被民间广泛认同，但神道教却没有成为国家宗教。受文明开化形势的影响，宣扬与大自然融合的"惟神之道"的古神道思想后来居上，作为教化国民的基本方针被大力推广。

1872 年（明治五年）5 月，为了培养近代学校的教师队伍，明治政府在汤岛的昌平坂学问所原址开设了日本第一所公立师范学校。②同年 8 月颁布了《学制》，开启了日本近代学校教育制度的规范化和法制化进程。《学制》在制度上较多地采取了法国的中央集权方式，教育理念和教育内容多参照欧美的个人主义和利己主义思想。《学制》一共分为 213 章，是一个庞大而又完整的综合性教育法规。不过，《学制》没有对教育目的和教育理念进行阐述，只是对教育制度以及学校教育作了全面系统的规定。真正体现《学制》教育目的和教育理念的文件，是在《学制》颁布前一天发布的《关于奖励学事的被仰出书》（太正官布告 214号）③，因此《被仰出书》也被称作《学制》的序文。《被仰出书》中宣示

14

---

① 《大教宣布的诏书》，宣扬"祭政一致、亿兆同心"、"明惟神之大道"等思想。以下均
　简称为《诏书》。——译者注

② 汤岛：东京都文京区东南端的地名。昌平坂学问所：著名的幕府直辖学校，也是最重要
　的儒学中心，设有祭祀孔子的圣堂。——译者注

③ 《关于奖励学事的被仰出书》，以下均简称为《被仰出书》。——译者注

的教育理念如下①：

> 人之所以立其身，治其产，昌其业，以遂其生者，此无他，端赖修身、开智、长其才艺也。而修身、开智、增长才艺又非学不可。由此，设学校之原由，即在于学日用常行语言书算和士官农商百工技艺以及法律、政治、天文、医疗等大凡人之营为之事。人能适其才，勤勉从事之，而后始得治生、兴产、昌业。如此说来，学问乃个人立身之根本，人为之人，皆不可不学。诚如迷失道路、陷于饥饿、破产、丧身之徒，毕竟由不学而致。虽旧来学校之设立年已久。或不得其道，使人误其方向，将学问视为士人以上之事，而置农工商及妇女子于度外，使其不辨学问为何物。又，士人以上之少学之人，动辄高唱为了国家，而不知立身之基，或趋于辞章记诵之末，陷于空理虚谈之途，其论虽似高尚，然甚少能将之实行于身、施行于事者。此即因袭之习弊，文明不普及，才艺不长，多贫乏、破产之徒的原由。是故，人不可不学，学之亦不可误其旨。依次，基今布告此次文部省定学制，不久亦修改教则。期冀自今以后，一般人民，无论华士族、农工商及妇女一般人民须邑无不学之户，家无不学之人。为人父兄者宜体会此意，加深其爱育之情，使其子弟务必入学……但是，从来沿袭之弊，视学问为士人以上之事，高唱此乃为国家，以至于学费及其衣食之用多依赖于国家，想不给之则不学，自弃一生者不少。此皆迷惑至甚者也。自今以后，改此等之弊，一般人民应决心抛弃他事，自我奋发，就于小学。如上命令之条项，自地方官以至边隅小民，通篇进行得当解释，精细申谕，依照文部省规则，普及学问，想方设法予以施行……②

---

① 《学事奖励に関する被仰出书》，太正官布告214号，1872年（明治五年）5月，第2页。

② 饶从满：《日本现代化进程中的道德教育》，山东人民出版社2010年版，第77页。关于《被仰出书》译文，部分直接采用该书，以下不再一一说明。——译者注

从《被仰出书》的内容不难看出，以儒教、神道为核心的封建时代道德思想已经被个人主义、利己主义和实学主义的教育观所取代。具体表现为：第一，《被仰出书》批判旧幕藩体制下的入学教育使人趋辞章记诵之末、陷于空谈虚礼之途，其论虽似高尚，而鲜能行于身、施于事者，是沿袭旧弊。第二，《被仰出书》对动辄高唱为国家而不知为立身之基的教育观进行了猛烈批判，强调学问、教育乃个人立身之基。第三，《被仰出书》主张学习生活实用之学，倡导利己主义学问观。主张修身、开智、长才艺的教育要以掌握日用常行言语书算为开端，有关士官农商百工技艺以及法律、政治、天文、医疗等实学知识为主要目的。第四，沿袭开明派官僚提倡的士农工商（四民）平等精神，主张教育机会均等。因此可以说，《学制》和《被仰出书》所表达的理念深受欧美近代资本主义文明开化的影响，重视以人智开发为中心的主智主义教育，轻视传统道德教育。明治政府在文明开化过程中，把教育作为个人立身出世的手段，因此可以说立身出世的个人主义也是学校教育中道德教育的理论基础。

在这样的背景下，当时的学校教育也发生了变化。1872 年（明治五年）9 月颁发的《小学教则》规定了《学制》的具体实施方法。根据该教则规定，下等小学（6—9 岁，相当于现在的一至四年级）和上等小学（10—13 岁，相当于现在的五至八年级）各自分为 8 级（每级各半年），并对每一级的课程作了具体规定。其中修身科被作为"修身口授"设置于下等小学的第 8 级至第 5 级（相当于下等小学一、二年级），每周两课时（第 5 级为 1 课时）；下等小学第 4 级以上和上等小学（四年制）没有设置修身科。小学所有科目中修身科的总课时数不超过 3%，排在各科目（14种科目）中的第 6 位（写字、习字、单词、会话、读书、修身）。下等中学（学制三年，相当于现在的初中，就学年龄在 14—17 岁之间）开设的修身科在诸教科（16 种教科科目）中排名第 14 位。总之，为了优先发展国力，实现全民皆学。明治政府虽然开设了修身科，但是道德教育并没有受到重视。

如前所述，文部省颁发的《小学教则》规定了《学制》的具体实行方法和教学内容。其中，修身科的授课形式如同规定的"修身口述"一样，基本上由教师的口头教授完成。另外，还规定了五种教科书，其中包括《童蒙教草》（福泽谕吉译，1872 年出版，共 5 册），该书译自英国人钱伯斯（Chambers，W. & R.）所著的《道德宝典》（*Moral Colours' Books*）；《修身论》（阿部泰藏译，1874 年出版），该书译自美国人维兰德（Wayland，F.）所著的《道德科学原理》（*Elements of Moral Science*，1853）。

16

1877 年（明治十年）西南战争①以后，虽然政治局势相对稳定，但是自由民权思想存在急速抬头的趋势，明治政府为了应对这种局势，试图通过教育实现国家对臣民的思想控制。结果，在政府内部出现了两个派别：一是主张通过大量翻译著作来支持自由主义的欧化开明派；二是主张弘扬孔子学说，并将儒教作为国教的保守派。这两派在以天皇为最高权威，确立"天皇亲政"这一点上是一致的，所以他们的对立只是关于道德教育基础理论的对立，而不是本质上的对立。1878 年 8 月至 11 月，明治天皇到各地巡视，并亲自考察了学事的状况。巡视后，为了改善《学制》颁布以来文明开化教育政策带来的弊端，强调要重视日本固有的道德教育。于是元田永孚②以笔录天皇寻访的感想和见闻为名，起草了《教学圣旨》。《教学圣旨》由总论《教学大旨》和《两条小学条例》两部分组成。《教学大旨》全文如下③：

> 教学之要，乃明仁义忠孝，究知识才艺，以尽人道，此乃我祖训国典之大旨，上下一般之教。然晚近专尚知识才艺，驰于文明开化之末，以致失品行、伤风俗者不在少数。之所以如此，乃维新之

---

① 西南战争发生于日本明治十年（1877 年）2 月至 9 月间，是明治维新期间平定鹿儿岛士族反政府叛乱的一次著名战役。——译者注

② 元田永孚（1818—1891 年）：日本江户末期、明治前期的教育家。——译者注

③ 《教学聖旨》，1879 年（明治十二年）8 月，第 11 页。

际，以破陋习、求知识于世界之卓见，虽一时能取西洋之长、奏日
新之效，但其流弊在于后仁义忠孝，徒竞洋风，将来终至不知君臣
父子之大义，恐亦不得知。此非吾邦教学之本意。是故，自今以往，
应基于祖训之训典，专以明仁义忠孝，道德之学以孔子为主，使人
人崇尚诚实与品行。在此之上，各科之学，随其才器，益益长进，
道德才艺本末兼备，大中至正之教学，布满天下。如此，吾邦独立
之净胜，方可无耻于宇内。①

　　从上述内容可以看出，《教学大旨》中极力批判只尊崇"知识才艺"
的文明开化教育的做法，认为这是国民道德荒废的主要原因。为了应对这
一问题，今后日本教育的改革方向为"在此之上，各科之学，随其才器，
益益长进，道德才艺本末兼备，大中至正之教学，布满天下。如此，吾
邦独立之净胜，方可无耻于宇内"。另外，在论述具体措施的《两条小学
条例》中提出了与《学制》中"为了所有人的启蒙教育"不同的观点，即
主张利用"古今之忠臣义士、孝子节妇之画像图片"使"忠孝之大义"自
儿童"幼小之时"就成为他们脑海中的第一印象。另外，关于因材施教有
这样的记载："针对农商业者开设农商学科，使其情操高尚，在自己现有
实业的基础上努力学习，倘若他日学成之时再重操旧业定能成就一番伟大
事业。"
　　开明派的代表人物伊藤博文（伊藤博文）对元田的王道论、政教一
致等观点进行了强有力批判，他提出应当对儒教主义和神道的复兴持警
惕态度，并指出国教的设定不应由政府来管制。但是，一直致力于推行
仁义忠孝教育并主张通过政教一体化来维护天皇统治的元田永孚又对伊
藤博文的观点进行了强烈反驳。为了有效压制自由民权运动，又考虑到
维护国家统治，伊藤博文也不能对《教学圣旨》的内容全盘加以否定。

①　饶从满：《日本现代化进程中的道德教育》，山东人民出版社 2010 年版，第 111 页。关
　　于《教学大旨》译文，部分直接采用该书，以下不再一一说明。——译者注

所以，《教学圣旨》所规定的内容最终还是成为日本政府推行的方针政策。

纵观明治时代前期的教育政策发展过程，主要分为以下几个阶段：1879年（明治十二年）9月公布了取代《学制》的《教育令》。《教育令》虽然在理念上继承了《学制》的方针路线，但在制度上具有欧化主义特征。由于《教育令》并没有沿袭《教学圣旨》的精神，明治政府于1880年12月（明治十三年）改正了《教育令》，修改后的《教育令》通常被称为《改正教育令》①。《改正教育令》第三条规定："小学乃是向儿童授以普通教育的场所，其科目以修身、读书、习字、算数、地理、历史等为基本。"由此可见，长期处于次要地位的修身科被置于各学科之首，成为最受重视的科目。之后，1880年8月，文部省向学校传达了"教科书挑选注意事项"，"事项"中列举了若干"不利于教育的书籍"，并禁止将这些书籍作为修身教科书使用，被禁止使用的教科书中包括了非常普及的外来修身教科书。随后在1881年（明治十四年）5月，文部省出台了《改正教育令》的实施要领——《小学教则纲领》。关于修身科的授课时数，《小学教则纲领》规定初等科和中等科每周6学时，高等科为每周3学时。另外对修身科的目标也作出了明确的规定，即"涵养德性"和"教授做法"。此后文部省又于同年6月以十六条为依据颁布了《小学校教员心得》，其中第一条就强调："导人善良比教人知识更为重要。故教员应特别致力于道德教育，要努力教育学生，使他们通晓尊皇室、爱国家、孝父母、敬长上、信朋友、爱卑幼、自重等一切人伦之大道，且以身示范，以德性熏染学生，以善行感化学生。"这一规定很显然立足于德育优先的思想基础，在教育方法上重视教师的率先垂范作用。1883年（明治十六年）7月，文部省将1881年（明治十四年）开始实行的教科书申报制度改为认可制。1886年（明治十九年）4月，教科书开始实行检定制度，不久修身科的教

18

---

① 《改正教育令》：日本明治时期的教育法规，1885年再次修改，1886年《学校令》颁布后被废除。——译者注

科书也被列在执行范围中。

除了伊藤博文，19世纪80年代还涌现出以福泽渝吉和森有礼为代表的思想家，他们都对儒教主义德育体制进行了批判。1885年12月，森有礼就任首届伊藤内阁的文部大臣，他秉持强烈的国家主义思想，把教育看作实现国家富强的重要支柱。因此，他批判修身科的儒教主义倾向，进行了一系列具有欧化主义色彩的教育制度改革，如1886年（明治十九年）制定的各种学校教育令（《帝国大学教育令》、《中学教育令》、《小学教育令》和《师范学校教育令》）。受森有礼德育政策的影响，福泽渝吉强烈反对复兴儒教，主张以自主独立为基础创建全新的道德体系。在这样的背景下，关于道德教育的争论变得更加激烈。这一争论不仅给学校教育带来了混乱，还波及整个教育界和思想界。因此明治政府急需确立德育方针，统一思想。最终在纷繁复杂的时代背景下，明治政府于1890年（明治二十三年）10月30日颁布了《关于教育之敕语》（通称《教育敕语》，即与教育相关的敕语）。

3. 明治时代后期的道德教育

虽然对外宣称《教育敕语》是由时任总理大臣山县有朋和文部大臣芳川共同起草整理的天皇语录，但从内容来看，《教育敕语》深受时任法制局长官井上毅和天皇侍讲元田永孚的影响，可以说《教育敕语》就是这两个人思想的产物。[①]

《教育敕语》全文内容如下：

　　　　朕惟我皇祖皇宗，肇国宏远、树德深厚，我臣民克忠克孝、

[①] 与其他文件形式不同，《教育敕语》实际上只是由天皇署名而已，并没有其他大臣的签名。这段话是作者以括号形式标注在原文的该段落。——译者注

亿兆一心、世济其美。此我国体之精华，而教育之渊源亦实存乎此。尔臣民孝于父母、友于兄弟、夫妇相和、朋友相信，恭俭持己、博爱及众、修学习业，以启发智能、成就德器，进广公益、开世务、常重国宪、遵国法，一旦缓急，则义勇奉公，以扶翼天壤无穷之皇运。如是者，不独为朕忠良臣民，又足以显彰尔祖先之遗风矣。斯道也，实我皇祖皇宗之遗训，而子孙臣民之所当遵守、通诸古今而不谬、施诸中外而不悖。朕庶几与尔臣民俱拳拳服膺，咸一其德。①

19

从内容构成上来看，《教育敕语》可分为三个部分。第一部分从"朕惟我皇祖皇宗"到"亦实存于此"。这一部分主要叙述了日本国体（天皇制）与臣民忠孝一体化的关系构成，并将此作为日本教育的根基。第二部分从"尔臣民孝于父母"到"亦足以显彰尔祖先之遗风矣"。这一部分首先列举了儒教的德目，之后又指出了近代市民社会应该遵守的德目。所有这些德目最终都归结为"一旦缓急，则义勇奉公，以扶翼天壤无穷之皇运"，旨在强调最高的德目就是向天皇"义勇奉公"。第三部分从"斯道也"到结尾的"咸一其德"。这一部分将前面两部分所强调的皇室祖先遗训的道德视为普通百姓应该遵循的真理，并表达了天皇也要与臣民一同践行这些德目的决心。另外，日本政府还将《教育敕语》(*The Imperial Message on Education*) 翻译成英语、德语、法语、中文等版本进行推广。下面为英文译文：

　　Know ye，Our subjects：

　　Our Imperial Ancestors have founded Our Empire on a basis broad and everlasting and have deeply and firmly implanted virtue；Our subjects

---

① 饶从满：《日本现代化进程中的道德教育》，山东人民出版社 2010 年版，第 123 页。关于《教育敕语》译文，部分直接采用该书，以下不再一一说明。——译者注

ever united in loyalty and filial piety have from generation to generation illustrated the beauty thereof. This is the glory of the fundamental character of Our Empire, and herein also lies the source of Our education. Ye, Our subjects, be filial to your parents, affectionate to your brothers and sisters; as husbands and wives be harmonious, as friends true; bear yourselves in modesty and moderation; extend your benevolence to all; pursue learning and cultivate arts, and thereby develop intellectual faculties and perfect moral powers; furthermore advance public good and promote common interests; always respect the Constitution and observe the laws; should emergency arise, offer yourselves courageously to the State; and thus guard and maintain the prosperity of Our Imperial Throne coeval with heaven and earth.So shall we not only be our good and faithful subjects, but render illustrious the best traditions of your forefathers. The way here set forth is indeed the teaching bequeathed by Our Imperial Ancestors, to be observed alike by Their Descendants and the subjects, infallible for all ages and true in all places. It is Our wish to lay it to heart in all reverence, in common with you, Our subjects, that we may all thus attain to the same virtue.

The 30th day of the 10th month of the 23rd year of Meiji (1890)

(Imperial Sign Manual. Imperial Seal)[①]

《教育敕语》发布后不到一年，文部省即向全国各地的学校下发《教育敕语》誊写本，要求各学校务必举行"奉读仪式"[②]。在奉读仪式上，校

---

① 该译文是 1906 年（明治三十九年），由时任文部大臣牧野伸显命令菊池大麓等人翻译。——译者注

② 1891 年（明治二十四年），文部省制定了《小学校庆祝日、大祭日仪式规程》。——译者注

长、教师和学生要向天皇及皇后陛下的"御真影"① 行最高礼，奉祝天皇
及皇后陛下万岁。按照这样的规程，《教育敕语》精神逐渐普及并渗透
于学校教育之中，以这种精神为基础的德育在小学校中的优先地位得以
确立。同时，《教育敕语》誊写本和"御真影"也逐渐被神格化，比如
1891 年（明治二十四年）1 月 9 日，在第一高等学校举行的《教育敕语》
奉读仪式上发生了教员因拒绝实行奉礼而被辞退的事件，即众所周知的
内村鉴三（内村鑑三）不敬事件。内村鉴三拒绝实行奉礼，理由是身为
基督教徒不能对基督教以外的神灵进行朝拜。除了这起事件以外，还发
生了校长为在火灾中保护《教育敕语》誊写本而以身殉职等诸如此类的不
幸事件。

《教育敕语》颁布当年 12 月，文部省公布了《小学修身教科书检定标
准》，规定所有教科书都必须严格按照鉴定标准进行检定。1892 年（明治
二十五年）至 1895 年（明治二十八年），经文部省检定后出版发行的修身
教科书多达八十余种。

1886 年开始实施的小学检定教科书制度，以 1902 年（明治三十五
年）12 月"教科书检定受贿事件"的发生而宣告结束。明治政府充分利用
这一事件的影响，于 1903 年（明治三十六年）4 月修订了《小学教育令施
行规则》。其中明确规定文部省拥有小学教科书著作权，实现了教科书国
定制。第一期国定修身教科书从 1904 年（明治三十七年）4 月开始在全国
各地学校投入使用。为了维护统治，树立威信，明治政府在修身教科书内
容的选定上煞费苦心，进行了反复的筛选和审核。第一期修身教科书的形
式仍是典型的德目主义②，在内容上并没有过分强调国民伦理，可以说是
《教育敕语》的解读书。教科书内容随着时代和社会的发展不断变化，编
排由单纯的德目主义转为德目主义与人物主义（列举名人事迹）相结合的
方式。另外，除一年级以外，其他各学年教科书中都设定最后一章为总章

---

① 御真影：对高贵的人的肖像画、照片的尊称，这里指天皇、天后的画像。——译者注
② 德目主义：开设独立的道德科（修身科），教育者把道德规范逐条列成目录加以讲解和
训练，使受教育者养成这些德目所要求的道德品格和道德实践力。——译者注

（根据学年不同，有《好孩子》和《优秀的日本人》两种），用来考核和总结这一学年学生的综合学习情况。

4. 大正时代的道德教育

进入大正时代之后，日俄战争爆发，随之各种各样的民众运动也不断兴起，这些都对当时的社会秩序提出了新的挑战。在这种背景下，为了充实对臣民的教育，政府相继推行了一系列教育政策。其中最具代表性的是 1917 年（大正六年）10 月开始至 1919 年（大正八年）3 月的"临时教育会议"①中提出的改革构想，其对大正时代和昭和时代初期的教育改革产生了重大影响。与教育敕语中所体现的近代市民社会伦理观相比，"临时教育会议"强调以天皇为中心的伦理观，旨在培养具有忠君爱国精神的忠臣良民。概而言之，临时教育会议将道德教育置于教育之首位，优先于知识和技能教育，特别是在女子教育上，强调要立足于贤良淑德的立场，巩固其国体观念。

另外，从国际形势来看，19 世纪末到 20 世纪初欧美各国相继开展新教育运动。为了打破固有的古典主义教育方法，各国纷纷从以教师为中心的教育向以学生为中心的教育转变，后者体现为尊重儿童天性和个性的自由主义教育。受欧美各国教育运动影响，从明治末期开始到昭和初期，日本教育界兴起了一场新教育运动，也称"大正自由教育运动"。这次受欧美思想触动而爆发的教育运动致力于反对政府的教育主张，以城市中的私立学校以及师范学校的附属学校为中心展开。其中最具代表性的学校有成城小学校、玉川学园、自由学园等私立学校，还有奈良高等师范、千叶师范、明石女子师范等学校的附属小学。1921 年（大正十年）8 月在东京高等师范学校讲堂召开的"八大教育主张会议"标志着此次教育改革进入了

---

① 临时教育会议：日本历史上第一个直属于内阁总理大臣的教育咨询机关。——译者注

鼎盛时期。"八大教育主张会议"的演讲者和演讲题目如下：稻毛诅风（稻毛组封）《真实的创造教育》，河野清丸（河野清丸）《儿童主义教育》，及川平治（及川平治）《动态教育要点》，千叶命吉（千葉命吉）《强烈满足和创造教育》，小原国芳（小原国芳）《全人教育论》，手塚岸卫（手塚岸衛）《自由教育的精髓》，片上伸（片上伸）《文艺教育论》以及樋口长市（樋口長市）《自学主义教育的根基》等。

22

在实践过程中，修身科教育也进行了一系列改革与尝试。其中最具代表性的人物是成城小学校创始人泽柳政太郎（澤柳政太郎）和玉川学院创始人小原国芳（小原国芳）。泽柳政太郎主张修身教学要从小学四年级开始实施，因为从儿童年龄的特点出发来看，四年级以前的学生还没有萌生出道德意识。小原国芳提出了"修身教授革新论"，主张确立自律性道德，用与时代相符合的语言来解释《教育敕语》中的德目。另外，时任奈良女子高等师范学校附属小学主事的木下竹次（木下竹次）和明石女子高等师范附属小学主事的及川平治（及川平治）也提出了修身教育革新的建议：木下竹次不仅重视生活教材，还考虑要将创作活动引入到修身科的指导；及川平治主张《分团式动态教育法》，即修身教育不应受既有的德目和教科书的束缚，而要寻求从学生具体生活问题出发来思考和行动的方法。

为了适应社会和思想的变化，文部省再次对修身科教科书进行了修订。该时期的国定修身科教科书（第3期国定修身科教科书）反映了当时的时代状况，其以家族主义的国家观为基调，大幅削减了儒教主义内容，积极融入了近代市民社会的道德以及具有强烈和平主义色彩的内容。

但是，从根本上讲，大正时代的新教育运动是帝国主义阶段社会特有的教育改革运动，它并没有从《教育敕语》的框架中摆脱出来。总体而言，修身教育并没有对《教育敕语》的内容进行否定，而是一边强硬实施《教育敕语》中规定的德目，一边又否定其所描述的教育方法。实际上，"天之岩屋"、"大国主神的国土让与"、"八岐大蛇"等广泛流传的神话故事都被作为国定修身科教科书（第3期）的内容，由此可见天皇制国家的思想观念仍然被贯穿其中。① 培养为国家发展尽职尽责的忠良臣民仍是政府的教育目标，其中最具代表性的是培养出"优良的日本人"这一目标，其中有如下阐述②：

> 我大日本帝国奉戴万世一系的天皇，代代天皇待我等臣民如子般慈爱。我等臣民数千年来齐心恪守尽忠孝之道。此乃我国在世界中无与伦比之处。我等时常仰奉天皇陛下、皇后陛下、皇太后陛下的高德，必须继承祖先之志，厉行忠君爱国之道。忠君爱国之道，乃是在面临君国之大事之际，举国一致，尽奉公之诚；平时则时常遵奉御心，致力于各自的业务，谋求国家的进步发展。③

正因为如此，所以"我等尽作为市町村公民的义务，即实行忠君爱国之道"。

23

5. 昭和时代初期的道德教育

从大正时代末期到昭和时代初期，竹下木次等人推行的生活修身教育理论与实践以奈良女子高等师范附属小学为核心逐渐蓬勃发展起来，取得了丰硕成果，对日本各地的教育实践都产生了很大影响。昭和时代初期，在东北地区的很多学校出现了根据作文内容来对学生们进行生活指导的教育实践，这种实践活动也被称为"北方教育运动"或者"北方性教育运动"。在这个过程中，修身教育也或多或少受到了影响。修身科逐渐不

① "天之岩屋"、"大国主神的国土让与"、"八岐大蛇"为日本耳熟能详的神话故事名称。——译者注
② 《国定修身教科书》第3期，1918年，第15页。
③ 饶从满：《日本现代化进程中的道德教育》，山东人民出版社2010年版，第190页。关于《优良的日本人》译文，部分直接采用该书，以下不再一一说明。——译者注

单以国定教科书为依据，也开始融入生活性较强的内容。但是这样的运动迫于政府的压力并没有在全国范围内普及，因此修身教育也没有得到根本性的改善。

这一时期的日本受到世界经济危机影响，经济状况萧条，由生活贫困引发的劳动争议愈演愈烈。如果说1931年的"九·一八"事变是以军部为中心的国家主义势力逐渐强大的契机，那"五·一五"事件和"二·二六"等恐怖主义事件就意味着内阁已经完全失去了控制军部行动的能力。在这样的社会背景下，政府开始对国民言论、思想采取严格的限制政策，对教育也加强了管控。比如，从1933年（昭和八年）2月4日开始持续了7个月之久的长野县劳动组合和农民组合①便以"违反治安维持法"的名义被强行镇压。组合中规模最大的是由长野支部的教师们组成的教育组合②，教师占全部608名被逮捕者中的230名之多。基于当时的社会现状，日本政府于1934年（昭和九年）至1940年（昭和十五年）对国定（第4期）教科书进行了修订。从教科书的内容来看，以强调在忠孝原理之下整合臣民道德的思想取代了近代市民社会道德思想。总之，要宣扬皇室的绝对性和权威性，培养臣民对天皇旨意的服从和为天皇奉献的精神。不过与教育目标不同的是，指导内容和方法出乎意料地得到了改良。比如，此次教科书修订一改原来各科题目以德目为主要形式的做法，而以"学校"、"老师"、"朋友"等生活题材为主，即根据儿童的实际生活素材来修订教科书。另外，教材中还大量选取了童话、寓言题材，插图颜色也极为丰富，意在增进儿童的亲切感。同时，为了配合资料内容，还提倡和鼓励教师们使用灵活的问答方式或者是演剧的形式来进行教学。

文部省在总结概括1937年（昭和十二年）《国体的本义》和1941年（昭和十六年）《臣民之道》的基础上，于同年3月1日颁布了《国民学校令》。自此，与社会伦理和个人道德相关的内容便从教育舞台上消失，取

① 劳动组合：人们为了共同劳动而自愿组成的组织，参加劳动组合者根据合同参与分配收入，并负有共同责任。农民组合：农民们为了共同目的自愿结成的组合。——译者注
② 教育组合：教师们为了共同目的自愿结成的组合。——译者注

而代之的是反映极端国家主义、军国主义思想观念的内容。另外，明治以来沿用了 70 年的"小学校"改名为"国民学校"。

《国民学校令》第一条明确规定，"国民学校以遵循皇国之道，实施初等普通教育，培养国民的基本道德为目的"。这意味着国民学校是以培养国民的道德基础为目的而产生的。学校从启蒙、授业的场所变为"炼成"的场所，原来所设科目也随之发生了改变，国民学校设置了国民科（修身、国语、国史、地理）、理数科（算数、理科）、体练科（体操、武道）、艺能科（音乐、习字、图画、手工）和实业科（高等科）。从各学科的宗旨和目的的规定中可以看出，国民科处于所有科目的核心位置，其中修身、国语、国史和地理都以"习得我国之道德、语言、历史、国土国势等，特别是明晰国体之精华，涵养国民精神，自觉皇国之使命为要旨"。

1941 年（昭和十六年），第 5 期国定教科书为了顺应《国民学校令》的实施而编纂，此次编纂没有出版专门的纲要，用于初等科的第一学年和第二学年（《好孩子》上、下卷）。从 1941 年（昭和十六年）开始，每年度出版两个年级的修身用书。1942 年（昭和十七年）初等科三、四学年的修身教科书（《初等科修身》三、四）开始使用，1943 年（昭和十八年）初等科五、六学年的修身教科书（《初等科修身》五、六）开始使用。另外从内容上看，这一期国定教科书增加了有关神话和天皇的内容，以谋求进一步增强国民作为皇国臣民的自觉性。

6. 第二次世界大战后修身科的废止和道德空白时期

1945 年（昭和二十年）8 月 15 日，日本宣布无条件投降。联合国总司令部进驻日本之后相继向日本政府发布了一系列旨在清除日本教育体制中军国主义、极端国家主义影响的指令，其中最重要的是"四大教育指令"，发布于 1945 年 10—12 月。具体来讲，第一指令是 10 月 22 日发布的《对日本教育制度的管理政策》，要求日本排除军国主义、极端国家主

25

30

义思想，并为实现日本教育的民主化进行根本性改革，提出了要"在教育中培养重视和平与责任的公民"的基本方针。第二项指令是 10 月 30 日发布的《关于调整、开除、认可教员及有关教育官员的指令》，目的是为了制定教职员合格审查以及开除、革职规定。第三项指令是 12 月 15 日发布的《关于取消政府对国家神道、神社神道的保证、支援、保护、监督以及宣传的指令》，下令将国家与神道、神社分离。除上述三项指令外，与道德教育最具直接关系的是 12 月 23 日发布的《关于停止修身、日本历史及地理课的指令》，被称为第四项指令，该指令力图否定战前的道德教育。1946 年（昭和二十一年）6 月 29 日地理学科重新开课，同年 10 月 12 日日本历史学科也重新开课，但是修身科未被允许重新开课，取代修身科的是公民科，用来承担全新的民主主义式道德教育，对此下文会进行详细介绍。

文部省参考了 1946 年 3 月 31 日第一次美国教育使节团报告书的意见，于同年秋天制定了《公民教师用书》。编辑出版《公民教师用书》是为了传授全新的民主主义式道德教育理念，开设以养成公民素质为目的的公民科。《公民教师用书》的"序言"如下：

实际上，我们国家社会生活各个方面近代化和变化的结果，尽管保持了古代社会的传统道德意识，但是还存在很多与国民生活现实不相适应的地方，道德教育的根本方向没有改变，依然保留着对德目进行灌输性指导的痕迹。这种教育方法只是让教育停留在观念层面，比如，在对"孝"这个德目进行指导的时候，教师通常会选取与现实社会生活完全脱离的古代故事进行解释说明，为了迎合这个德目去试图创建每个人的内心世界，导致道德教育只是教授了一些抽象的概念，而缺乏对如何正确处理具体现实社会生活中父母与孩子之间的关系的指导。也就是说，对"孝"在现实社会中具体应用的指导是缺乏的。而用关于在农村生活的孩子的孝的故事指导居住在大城市公寓里的孩子，那只能停留在道德概念问题的层面，并 26

不能够指导实际的生活问题。正因为如此，道德并没有成为生活的力量，而是止于话语和观念。孩子们虽然对重视孝道的观念有了一定的认识，但在实际生活中却不能很好地履行对父母的孝道。优良风俗所倡导的家庭生活实际上只是一种理想化状态，它与现实生活之间有很多不相适应的地方。正因为如此，才导致了很多人只着眼于自己家人的权益，利己主义思潮大肆横行起来。我们不难发现，这样的行为会妨碍社会生活的正常发展。所以，我们应该谋求能更好地与现实生活相适应的道德教育指导方法。

日本一直以来都在推行极端的国家主义式教育方针，结果在对道德所要达到的目标进行设定时，总会千篇一律地从实现国家目的的角度来考虑。这样就导致我们忽视了一个事实，即道德教育是人类的基本权利，也是我们生活的根本。国家作为社会中个人的共同体，其与个人之间的紧密联系是不容忽视的。但是，必须承认富强的国家是通过每个公民齐心协力、全心全意努力奋斗才能够实现的共同体，并将这样的事实教授给学生。过去仅仅强调个人与国家的关系，轻视了处于人们日常生活中心地位的社会生活本身。因此，过去只是为了号召大家实现国家目的而对他们提出无理的要求，这种道德教育只停留在表面现象，并没有真正改善生活本身。这也就引起了对战前修身科的批判，比如批判它陷入了恶劣的形式主义泥潭。

如今，日本希望重建和平民主的国家，可以毫不夸张地说，要完成这项伟大的事业，教育在其中起着不可或缺的重要作用。全体国民日常生活的重建必须以教育为基础，但是，这样的国民教育能够重建与否，最根本的问题在于社会科教育能否成功，或者说取决于社会科教育方式的科学性。同样，职业教育的根本是培养真正意义上的公民，即只有培养出具有公正、自由、宽容等精神的国民才能实现真正的职业教育。从这个角度看，主张包含新公民科教育在内的社会科教育是全体教育的基础，或者说是教育所应该具有的特

质。不得不说，担负着这样重大教育任务的教师，具有极为艰巨的
责任。①

27

上述关于道德教育的内容，充满了非常独到的见解。但是伴随着学
制改革，教科课程的全面改订也开始实施，这种公民科的构想由于受到来
自各方的阻碍，非常遗憾地中途夭折了。

1947 年（昭和二十二年）3 月 31 日，根据日本国宪法制定的教育基
本法和学校教育法正式公布，1948 年新教育制度下的学校也随之成立。
随后，文部省于 1948 年 3 月 22 日公布了日本第一个中小学《学习指导要
领·一般篇》，其中记载："从今日我国的国民生活来看，培养有关社会生
活的良知与性格极为必要，社会科正是为了这个目的而重新开设。只是，
要实现这一目的，就必须将以往的修身、公民、地理、历史等学科内容融
合为一体来学习，社会科就是为替代这些教材而设立的。"总之，随着社
会科逐渐成为道德教育的平台，道德教育便被弱化了。

但是，当时在全面主义道德教育中，还有一个与社会科并列并对道
德教育起补充作用的领域——"生活指导"。其中，由美国引入的指导
（guidance）理论最受日本关注。美国的指导理论主要在学科外的教育活
动中进行，既不是对社会生活习惯形成的指导，也不仅仅是近似于心理治
疗性的指导，而是一种对儿童一般生活态度的指导。总之，它起到了对道
德教育补充的作用。

7. 全面主义道德教育时代

1948 年（昭和二十三年）6 月 19 日，众议院作出了《关于排除〈教
育敕语〉等的决议》，参议院也作出了《关于确认〈教育敕语〉等失效的

---

① 文部省：《中等学校 青年学校 公民教育用书》，1946 年，"序言"。——译者注

决议》。至此，长达半个多世纪为日本人提供道德价值准绳的《教育敕语》彻底从学校中消失了，第二次世界大战前以儒教德目为核心的道德教育也被全面否定，取而代之的是在道德教育中发挥着重要作用的社会科。《学习指导要领·社会科编I》第一章中为社会科确立了15项目标，其中多项目标可以直接视为道德教育的目标。比如，"要作为一个礼仪端正的社会人而行动"，"提升作为人的自觉，增强社会责任感"，"发展其以正义、公正、宽容、友爱的精神增进共同福利的兴趣和能力"，等等。不过，从这些目标中可以看出，社会科是全面主义道德教育的核心，是"对社会生活的理解"（知识层面）与"致力于社会生活之进步态度"（行为层面）的结合。

在这样的道德教育背景下，青少年的不良行为问题日益突出，以"社会科"为中心的道德教育也遭到了保守派的强烈批判和反对。除此之外，美国当时对日本的政策也逐渐转变。在强大的舆论压力下，重建道德教育的呼声越来越高。与此同时，政府官员也提出很多针对道德教育的意见。例如，1950年10月，时任文部大臣的天野贞祐（原第一高中校长）号召学校在庆祝日和例行活动时升国旗（日丸旗）、齐唱《君之代》，并在同年11月的全国都道府县教育长会议上，表示要制定全新的道德教育标准——《国民实践要领》。虽然《国民实践要领》的内容现在看来也有值得我们学习的地方，但是当时天野贞祐的一系列见解和看法都遭到了强烈的批判和抗议。

1950年（昭和二十五年）9月22日，第二次美国教育使节团报告书发布。该报告书在谈到道德教育时指出："关于道德教育只来源于社会科的想法是完全没有意义的，道德教育应该在整个教育课程中予以强调。"[1]可见，第二次使节团报告书在主张全面主义道德教育原则方面比第一次使节团更明确、更坚定。随后，次年1月4日公布的《教育课程审议会报告》

---

[1] 《戦後日本教育史料集成》编集委员会：《戦後日本教育史料集成》第三卷，三一書房，1983年，第187页。

（会长石三次郎，东京教育大学教授）对如何振兴道德教育作出如下的阐述："道德教育是全体学校教育活动的共同责任。振兴道德教育的方法，不应该是通过开设以进行道德教育为主的学科或者是相关的科目。因为道德教育学科或者相关科目不仅容易成为与过去的修身科相类似的科目，而且还可能成为陷于过去教育之流弊的切入口。"① 可见，该报告所强调的依然是全面主义道德教育理念。在接受了教育课程审议会的报告之后，文部省于 1951 年 2 月 8 日公布了《道德教育振兴方案》，又于 4 月发布了《道 29 德教育手册纲要·小学篇》（中学篇和高中篇发布于次年 5 月）。总体来说，不同于当时文部大臣意见的是，全面主义道德教育思想被广泛推广，道德教育也在全面主义思想的基础上被不断强化。这在 1951 年修订的《学习指导要领·普通篇（试行版）》中所记载的"要利用学校教育的所有契机"等内容中都可以明显看出。

8. 特设道德的产生

1957 年（昭和三十二年），岸信介内阁首次提出要推进以弘扬民族精神和国民道义为基础的道德教育政策。同年 9 月，在新的国际形势下，时任文部大臣的松永东向教育课程审议会提出了教育课程全面修订（特别是道德教育改革）的咨询报告。同时，在新委员组成的教课审第一次大会上，文部省提出了希望审议会围绕贯彻道德教育、充实基础学力和提高科学技术教育等内容进行审议的要求，特别强调有必要特设道德教育时间。随后，教育课程审议会于同年 11 月提出了《关于小学、初中道德教育的特设时间》的咨询报告，主张在小学和初中特设"道德时间"，并于次年 3 月 15 日向文部大臣提出了包括特设"道德时间"在内的小学、初中教

---

① 《戦後日本教育史料集成》编集委员会：《戦後日本教育史料集成》第三卷，三一书房，1983 年，第 187 页。

育课程全面改订的咨询报告。该报告中对特设"道德时间"的理由作了如下描述：

> 学校中的道德教育，本来就是要通过学校全体教育活动来进行。虽然迄今为止一直在强调以社会科为首的各学科和其他活动中的道德教育，但是，以社会科为首的各学科和其他活动均有各自不同的特点和目标，如果向他们施加过重的道德教育负担就会扭曲这些领域的性质。反省现状，为了纠正其缺陷，应该从根本上进行改变，即特设新的"道德时间"。
>
> "道德时间"旨在实现内化道德教育目标所规定的道德性，是对学生进行计划性指导的契机。同时它又担负着对其他教育活动进行补充、深化和统合的任务，它能够使学生养成教育目标中所期望的道德习惯、道德情感、道德判断力，是通过加深对个人在社会中应有姿态的自觉，来提高个人道德实践能力的时间。①

在接受了教育课程审议会最终咨询报告的当月（1958 年 3 月）18 日，文部省又以次官通告的形式下发了《关于小学、初中"道德"的实施纲领》，并随同下发了作为实施要领附件的《小学"道德"实施纲要》和《中学"道德"实施纲要》，详细地说明了"道德时间"的宗旨、内容以及指导方法，并明确规定"道德时间"为每学年每周 1 学时，在小学的"学科外活动"（教科以外の活动）和初中的"特别教育活动"（特别教育活動）②中进行，由班主任老师负责在"道德时间"对学生进行道德指导。这些内容与同年 8 月 28 日文部省颁布的中小学《学习指导要领·道德篇》相同。随后，同年 10 月 1 日文部省公布了中小学《学习指导要领》。该要

---

① 《戦後日本教育史料集成》编集委员会：《戦後日本教育史料集成》第三卷，三一书房，1983 年，第 307—308 页。——译者注

② 小学的"学科外活动"、初中的"特别教育活动"是日本学校开设的课程名称。——译者注

领在第一章"总则"中关于道德教育有如下表述①：

> 学校中的道德教育，本来就是要通过学校全体教育活动来进行的。因此，"道德时间"必须贯穿于其他各个学科、特别活动以及学校仪式等多种学校教育活动之中。

> 道德教育的目标，是以教育基本法和学校教育法的根本精神为基础，培养学生一贯坚持尊重人的精神，并能够将这种精神贯彻于家庭、学校以及其他各自作为其中一员的具体社会生活中，努力创造个性丰富的文化，致力于发展民主的国家和社会，主动为国际社会的和平发展做贡献的日本人。

> "道德时间"应该与其他各个学科、特别活动和学校仪式等其他教育活动中开展的道德教育紧密联系，并对其进行补充、深化和统合，使学生养成一定的道德习惯、道德情感、道德判断力，以及作为国际社会一员的自觉性，从而最终谋求提高道德实践能力的指导。②

为了实现这一整体的道德教育目标，小学特设"道德时间"具体目标如下：

① 指导学生理解并掌握日常生活的基本行动方式；

② 指导学生加深道德情感，培养判断正邪善恶的能力；

③ 促进学生个性的发展，指导其确立创造性生活的态度；

④ 指导学生提高"作为民主国家、社会的成员所必须具备的道德态度与实践意愿"（《初中学习指导要领》中无此规定）。③

---

① 《戦後日本教育史料集成》编集委员会：《戦後日本教育史料集成》第三卷，三一书房，1983年，第382—383页。

② 饶从满：《日本现代化进程中的道德教育》，山东人民出版社2010年版，第340页。关于《学习指导要领》译文，部分直接采用该书，以下不再一一说明。——译者注

③ 《戦後日本教育史料集成》编集委员会：《戦後日本教育史料集成》第三卷，三一书房，1983年，第338页。

为了达成上述四个方面的目标，《学习指导要领》对具体内容也作了相应的规定，即将36个项目的内容分为四大部分一一列出，具体是：①"日常生活基本行为方式"，包括"尊重生命，增强体魄，努力保证安全"等6个项目；②"道德情感、道德判断"，包括"尊重他人人格，要和谐幸福"等11个项目；③"个性发展、创造性的生活态度"，包括"了解自己的个性，并发挥自己的长处"等6个项目；④"作为国家、社会成员的道德态度与实践意愿"，包括"要待人亲切，尊老爱幼，要有同情心"等13个项目。

同时，在第三章第一节中也规定了初中的道德教育目标，和小学的一样，在明确阐述了"总则"中学校总体道德教育目标之后，规定了以下具体内容：

> 道德教育的内容，是在教师和学生一起追求成为理想日本人的同时，还要思考我们生存的意义，并将把这些抽象的意义付诸于实际行动作为共同的课题。
>
> 提高道德性所必须做的事情本来就是统一的整体。提高道德判断力，丰富道德情感，养成有创造性的实践态度和能力，这些内容在任何情况下都是相互联系、密不可分的。为了达成上述目标，关于道德教育的具体内容规定如下……①

《初中学习指导要领》将初中道德课的21项教育内容分为三个领域进行安排，具体划分为：①"在充分理解日常生活的基本行为方式、习惯的同时，言谈举止也要能够与时间和场合相适应"，其中包括"努力尊重生命，保证安全，鼓励身心全面健康发展"等5个项目。②"提高道德判断能力和情感，并将之运用于人际关系之中，以确立丰富的个性与创造性的生活态度"，其中包括"有作为社会一员的自豪感，能够独立思考、判断、

---

① 文部省：《学习指导要领》，1957年，第5页。

执行，能够为自己的行为负责"等10个项目。③ "培养作为民主社会和国家的成员所必需的道德性，以协助建设更好的社会"，其中包括"要关心爱护并尊敬家人，构建和谐美满的家庭生活"等6个项目。

为了抵挡来自各方的批判，文部省在最初提倡特设道德的《学习指导要领》中，并没有使用"道德课"这样的名称，而是称为"道德时间"。从名字的设置便可看出，当时教育界的有识之士迫于现实环境的制约和种种压力，付出了巨大的努力和辛苦。另外，《学习指导要领》的内容中也包含着许多至今受用的真知灼见（比如，现今道德教育研究中所缺乏的对于《学习指导要领中》所规定的目标和内容的区分，以及各个道德项目之间的相互联系的认识，等等）。但是，当时文部省并没有顾及反对特设道德的主张，在没有与教育界达成共识的情况下，抢先一步将特设道德以政策的形式向前推进。当时文部省原计划借1961年（昭和三十六年）4月改订后的《学习指导要领》全面实施之际实施特设道德，但实际上是于当年8月《学习指导要领·道德篇》发布之后，从9月1日才开始将"道德时间"区分于其他学科正式实施。当时，围绕着勤务评定、教育委员任命制度和教科书检定制度等核心问题，代表着政府利益的文部省和由学校教师组成的日教组① 之间展开了激烈的论争，正因为如此，不得不说"道德时间"的提早实施是受到当时国家教育政策的影响。"道德时间"是文部省为了压制来自教育学学会和教师团体的反抗而催生出的新事物。其中最具代表性的反对特设道德的组织是日本最大的教育学会——日本教育学会。 33
日本教育学会的教育政策委员曾在1957年的《道德教育相关问题（草案）》中提出质疑并进行了批判："道德学科特设，会对原来的社会科，甚至是全体教育课程的目标和结构产生巨大影响"，"一味强调内面性，会使道德的思考脱离实际的政治和经济动向，导致人们不加批判地追随与现实政治及经济不相符的道德原则，这是十分危险的，需要加以警惕"。令人

---

① 日教组：成立于1947年6月8日，又称日本教育工会，是日本最大的教职员工会组织。——译者注

遗憾的是，特设道德引发的争议给后来的日本道德教育带来了巨大的负面影响。

9. 特设道德的历史发展

如前所述，进入 20 世纪 50 年代以后，日本的政治势力出现了两极化趋势。因此，在政治动荡的社会背景下产生的"道德时间"免不了受到反对国家体制的教师团体，特别是日教组的抵制，混乱事件也时有发生，导致最终贯彻实施"道德时间"的学校并不多。例如，文部省在 1958 年（昭和三十三年）9 月发布《道德指导书》的同时，九十月间在全国召开了道德指导者讲习会。日教组和民间教育研究团体为了阻止文部省这一行动的实施，对官办讲习会进行了激烈的阻挠和抵抗。因此，从全国来看，许多学校和教师并没有充分重视特设道德时间，形式化倾向严重。

针对这一情况，1962 年（昭和三十七年）7 月池田内阁推出了新政策，即在制定了以国民倍增计划为代表的一系列经济政策之后，又制定了为实现这一经济目标而培养必需人才、充实学力、贯彻道德教育的计划。随之，荒木大臣于 1962 年向教育课程审议会提出了"关于充实学校道德教育的方案和政策"的报告，教育课程审议会于次年 7 月 11 日提出同一名称的咨询报告。该咨询报告不仅指出了道德教育的现状和所存在的问题，还提出了具体的充实方案：为了养成道德判断力和情感、培养道德实践意愿，希望使用适合学生的道德读物资料。根据该咨询报告的基本方针和建议，文部省于 1964 年（昭和三十九年）开始到 1966 年（昭和四十四年）陆续编辑发行了《道德指导资料》，采取各种教育行政措施充实道德教育。但是，与文部省的意图相悖的是，道德教育逐渐实施之后并没有完全渗透到学校的全体教育活动之中。

在这样的背景下，文部省于 1968 年（昭和四十三年）和 1969 年（昭和四十四年）分别对小学和初中的《学习指导要领》作了修订。这次学习

34

指导要领修订的主要特点是增加了与时代发展相适应的教育内容，即增加了顺应当时所谓的"教育内容现代化"潮流的内容。负责修订的教育专家更加注重自然科学方面的学习内容，结果大大降低了充实道德教育的热情。即使这样，新一轮的《学习指导要领》并没有被忽略或者废止道德教育（特别是"道德时间"），而是在继承之前改订内容的基础上，进一步明确了其在教育课程中的重要地位。但是这次修订也存在很多问题，比如，在对《小学学习指导要领》进行修改时，虽然将第一章"总则"中规定的"道德时间"目标移到了第三章，但是并没有对目标的具体内容进行规定，也没有对内容的区分进行规定，只是将32个项目按内容一一列出（在《初中学习指导要领》中，每个内容项目又被分为两个小项目，13个内容项目的小项目并列列举）。

1977年（昭和五十二年）版《学习指导要领》的改订中，为了体现对"灌输教育"的改变，使用了能够引起人们注意的"宽松"、"充实"等词语。总之，精选教育内容，即广义上的所谓"宽松式教育"就是从这次改订后开始实施的。也就是说，教育相关工作者把重点都放在削减教育内容上，而对道德教育本身并没有做大的改变。如果要说变化的话，最明显的表现是在《小学学习指导要领》中，对原来从第一条到第三十二条的32个项目作为内容一并列出的形式稍微进行了修改，变成从第一条到第二十八条的28个项目（初中是16个内容项目）。

1989年（平成元年），"重视个性"的教育改革势头日趋高涨，在这样的背景下，文部省对小学、初中和高中的《学习指导要领》进行了修改。这次改订的内容深受包括直属于内阁的临时教育审议会报告（1987年8月）和教育课程审议会（1987年12月）提出的咨询报告（《关于改善幼儿园、小学、初中以及高中的教育课程基准》）的影响。比如，教育课程审议会报告中提出了四个方面内容作为本次《学习指导要领》所要达到的目标，其中第一条就与道德教育密切相关，即要求培养具有丰富心灵和具有坚强意志品格的人。

根据教育课程审议会咨询报告的基本精神与建议制定的《学习指导

要领》，"重视、充实道德教育"是其中的核心任务，道德教育在教育课程中的地位依然不变。因此，这次修订是对道德教育的重新审视：从道德教育的目标来看，增加了"对生命的敬畏之念"和"具有主体性的日本人"两点内容，同时，还突出强调"通过丰富的体验来培养植根于儿童心灵深处的道德性"这一目标。从道德的内容项目来看，文部省为了避免对项目进行简单的罗列，将其按照四重视角（有关自己自身的内容；有关与他人关系的内容；有关与大自然和崇高事物关系的内容；有关与集团、社会关系的内容）进行分类和整理，以谋求内容的重构和重点化。① 但是，这种对内容进行分类的方法也存在一定弊端，那就是它与1958年（昭和三十三年）版《学习指导要领》不同，完全没有考虑道德教育目标和内容之间的关联性。而且，之后教育界完全把这种分类方法当作先进的经验使用，没有提出任何异议或者修改意见，所以在后来的《学习指导要领》改订过程中，仍然采用这四种分类方式进行分类。

文部省于1998年（平成十年）宣布，从2002年（平成十四年）开始所有学校实行每周5天上学制度，同时又开始了新一轮对《学习指导要领》的修订。此次修订主要围绕如何在"宽松"的教育环境中培养儿童的"生存能力"这一问题展开。这次修订也同样谋求充实的道德教育，并且在这个过程中集中强调作为"心灵教育"基础的"生存能力"的重要性。在新的修订版中，将原来第三章中关于道德教育目标的内容移到第一章"总则"中，越发凸显道德教育的重要地位。除此之外，"道德时间"目标的内容没有变化，仍然和原来第三章中所描述的一样："养成道德实践力"。

关于道德内容项目的调整，如前面提到的那样，四种分类方式完全没有变化，只是对每种大的分类下面的具体项目内容稍作修改。比如，小学低年级和初中的内容中分别增加了一项。因此，可以说在这次改订中道德教育相关内容基本没有变化。这种毫无变化的道德教育与经过严格删选

① http://www.mext.go.jp/a_menu/shotou/old-cs/1322453.htm.

的其他学科形成了鲜明对比。

10. 最近的动向

2002 年（平成十四年）对于日本道德教育来说是关键的一年，因为这一年发生了一系列重大变革。在"心灵教育"风潮的背景下，文部科学省① 向全国中小学免费发放道德教育资料——《心灵笔记》。由于《心灵笔记》并没有被界定为教科书，所以省略了相关审定工作，很快就发放给了学生。当时很多学者针对《心灵笔记》的制定过程产生了各种质疑，有的学者批判它不是教科书，有的学者讥讽它为《修心书》。面对来自四面八方的质疑，文部科学省一直主张《心灵笔记》既不是教科书，也不是原来的副读本，而是希望各级学校将其作为"充实道德教育的有效辅助教材"来使用。在《心灵笔记》中，大量运用了以价值澄清理论为代表的美国心理学理论和方法。

2006 年（平成十八年），日本教育界发生了又一重大变革——修订教育基本法。这次教育基本法修订对道德教育也产生了非常大的影响。具体表现在，教育基本法的第二条中，与道德价值最紧密相连的内容遍及全文。例如，"勤劳"、"公共精神"、"尊重传统文化"等内容都包括在内。根据教育基本法的宗旨和中央教育审议会的报告，文部科学省于 2008 年（平成二十年）再次修订了《学习指导要领》。

在新修订的《学习指导要领》中，第一章"总则"中关于道德教育目标的内容有所调整，新加了"以道德时间为主"的表述。之所以作此改动，主要是为了进一步明确"道德时间"在道德教育中的核心地位。同时，依据教育基本法第二条的规定，对原有的道德教育目标也作了调整，

37

---

① 文部科学省：2001 年 1 月 6 日起，由原文部省和科学技术厅合并而成。其职能相当于中国的教育部、科技部和文化部的总和。——译者注

即增加了"培养丰富的心灵"、"尊重传统文化，热爱在传统文化里孕育而生的国家和故乡"、"尊重公共精神"、"尊重其他国家"、"为国际社会的和平发展以及环境保护作出自己的贡献"等内容。基于上述调整，改订后的《学习指导要领》中关于道德教育目标的表述如下[1]：

> 道德教育的目标在于，依据《教育基本法》和《学校教育法》所规定的教育之根本精神，培养学生将尊重人的精神与对生命的畏敬之念运用于家庭、学校以及其他社会生活中，并努力使其具有丰富的心灵，尊重传统文化，热爱在传统文化之中孕育而生的祖国和家乡，努力创造个性丰富的文化，尊重公共精神，发展民主的社会和国家，尊重其他国家，进而为和平的国际社会和环境保护作出贡献，并具有开拓精神的日本式道德品性。

新版《学习指导要领》第三章中对道德的部分也做了局部调整。主要体现在：小学阶段"道德时间"的目标新增了"加深对自己生存方式的思考"等表述，作此调整的目的是为了谋求加深小学生对自己生活方式以及生活态度的思考；初中阶段在"道德价值以及……"的语句后面新增了"以此为基础"的表述，目的是为了突出"道德价值"的重要性。

关于道德内容的调整，此次改订与1998年版《学习指导要领》一样，继续按照原有的四个方面进行分类整理，除了个别内容项目有所增减之外，总体上没有大的变化。具体来看，关于小学阶段道德教育内容改进的地方有以下几处：小学低年级（一、二年级）新增了"要学会感受工作的好处，要为了大家而努力工作"等与职业教育相关的项目；小学中年级（三、四年级）新增了"要了解自己的特点，发挥自己的优势"等与发展个性相关的项目；初中阶段新增了"要能够体会别人对自己的鼓励和帮助，珍惜自己现在的生活和所拥有的一切，并学会回报他人"等与感恩教

---

[1] http://www.mext.go.jp/a_menu/shotou/old-cs/1322453.htm.

育相关的项目。

另外，全国各所学校由校长负责任命，产生了主要负责推进本学校道德教育的"道德教育推进教师"。

38

综上所述，2008年新版《学习指导要领》中大幅增加了关于充实道德教育的要求事项。正如所增加的"培养丰富的心灵"等内容所表明的那样，注重提升个人内化自觉性是这次改革的重中之重。可以说，这样的心理主义倾向从昭和时期开始一直持续到平成时期，如果从《学习指导要领》的修订过程来看，则从1989年改订开始一直持续到现在。关于这一问题将在本书第四章中详细论述。

从现在开始，关于道德教育的各项改革仍然会一直持续，改革过程中也会涌现出许多争论。作为道德教育工作者，我衷心期待通过这样的争论能够创造出适合日本国情和现实的道德教育模式。

第三章　世界各国的道德教育

1. 各国道德教育特征及其产生背景

(1) 英国道德教育

英国同其他许多欧洲国家一样，虽然在学校教育中一直提倡"道德教育"，但是直至今日也没有真正开展。究其原因，人们始终认为只要成为虔诚的基督教徒，掌握了基督教的伦理道德，就没有必要接受道德教育。正是这样的想法阻碍了英国道德教育的发展，导致道德教育只是研究领域内的专门用语，在各种教育制度、文件中并没有使用。因此，可以说英国的道德教育实质上是通过宗教教育来实现的（本书所强调的英国教育是指占英国总人口 80% 的英格兰地区的教育）。

英国自建立公立中小学教育制度以来，中小学一直由地方教育当局进行管理，中央政府通过地方教育当局对学校实施间接管理。教育拨款是由中央政府将教育款项拨给地方教育当局，再由地方教育当局对公立学校进行资金分配。1988 年，英国政府颁布的教育改革法打破了这个局面，根据该法律，中央政府将教育款项直接拨给义务教育阶段的学校①，由学校董事会管理学校。该政策是 1988 年教育改革法的重要内容之一，充分

---

① 1988 年教育改革法把义务教育阶段内学生的学习阶段分为四段：5—7 岁、8—11 岁、12—14 岁、15—16 岁。——译者注

46

体现了改革法的宗旨，也标志着国家开始取代地方教育当局来负责各项教育政策的制定。

关于学校教育中的宗教教育，根据 1944 年教育法的基本精神，教会学校被纳入国家教育体制，所有公立学校以及私立学校都有义务推行以教授基督教教义为主的宗教教育（religious instruction）。自此政策推行以来，宗教教育指导要领以及具体的教学大纲都是由地方教育当局制定的。总而言之，英国将宗教教育列入正式的法定课程，在将其作为国家教育政策来推行的同时，非常注重根据每个地域的不同特色有针对性地开展教育活动。实际上，部分私立学校以及所有公立学校都在推广超出宗派的宗教教育活动，比如一些学校每天早上规定全体师生需进行礼拜，还有一些学校除了开设宗教课程之外，还开设与宗教相关的课程，等等。如果宗教教育的目标与学生父母们所希望的教育目标不能保持一致，便都按照"良心条款"① 的规定，允许学生接受家长所期望的宗教教育或者选择不接受宗教教育，这些都作为宗教信仰自由而被承认。

英国政府所推行的宗教教育，既不是为了强迫学生去信仰基督教，也不是为了使学生理解包含基督教在内的各种宗教思想，其最终的目的是为了养成作为青少年身心全面发展基础的人性。总之，我们不难发现，宗教教育不仅在青少年的成长过程中不可或缺，而且在整个人生中都会起到推动作用。因此，英国的宗教教育是指"通过对生存信仰的学习使自己能够更好地及时反省人生，并使这个反省的过程更充实"的道德教育；其并不强调个人的情绪化意识层面，而是突出以精神性、灵性（spirituality）等精神层面发展为主的教育。在这种教育模式下，向学生们教授"对自己负责"、"尊重自己"以及"不侵犯他人的权利和自由"等内容，就是为了保证受教育者能够充分重视民主主义社会的生活方式和态度。当然，为了使学生们能够养成这种生活方式和态度，英国政府不仅仅依靠学校教育中

---

① 良心条款：教育委员会初期推行"良心条款"，即允许父母可以让孩子从特定的宗教教育课堂退堂，以满足不同教派家长的需要。——译者注

的宗教教育，还在学校其他教育活动以及家庭和社会教育中进行了严格规定。在这里，特别值得一提的举措是全体学生在校寄宿制度，这种寄宿制度在英国有着悠久的历史，是一种在上层社会的公立学校推行的规范性教育制度，也是极具英国道德教育特色的代表性制度。这种教育模式的目标不只是单纯地向学生教授知识，还要通过对学生进行生活指导和体育指导来陶冶他们的情操，养成健全的人格。

但是，近年来随着人们价值观逐渐多样化，社会也慢慢从宗教化向世俗化演变发展。一直以来通过宗教教育进行道德教育的方法也面临着全新挑战，人们开始重新审视这一方法。随之，从宗教教育中脱离出来，完全建立在世俗基础上的道德教育方式应运而生。如以牛津大学麦克菲尔（McPhail）博士为代表提出的"生命线计划"（1967—1972 年）。

"生命线计划"的主要内容是在尊重青少年（主要指 11—16 岁的学生）兴趣爱好的同时，为了实现以"更好的生存"为目标的道德教育方案而提出的一种构想。该计划主要围绕青少年身边发生的事情和现实生活中存在的实际问题展开讨论，并在讨论的同时引导他们体悟道德教育本身的意义。总之，该计划从只学习道德项目的道德教育或者说"灌输式"道德教育中彻底摆脱出来。另外，该计划并不是通过设定专门的道德教育时间来进行道德教育，而是将道德教育融入到其他学科的教学活动之中，并对其进行优化组合。

另外，英国的道德教育与"公民教育"（citizenship education）密不可分。"公民教育"是英国从 2002 年开始推行的全新必修科目，具体来说，公民教育是为了使青少年在公共生活中承担实际的社会责任，在指导他们具备参与民主社会所必须具备的知识、技术、技能的同时，促使他们尊重民族、宗教的传统和信仰，掌握权利、责任、义务和自由、法律、正义、民主等思想和精神。既要引导学生对一些具有代表性现实生活中的实际问题进行讨论，加深他们对重要概念和价值理念的理解，还要指引学生将这些思想理论付诸于实际行动。这也就意味着，在把诸多现实问题放到理论层面加以深化讨论的过程中，可以对一些重要概念、价值观及态度有着更深刻的体会。从这点来看，我们不能只是将道德价值作为每个人的心理活动来看待，而应将其置于与现实社会认知的关系当中去重新理解。

另外，近几年来，我们在思考道德教育如何开展的同时，必须关注与公民教育密不可分的 PSHE（Personal，Social and Health Education，个人、社会与健康教育）课程。PSHE 课程包括个人教育、社会教育和健康教育三大领域，既是健康教育，也是道德人格教育和公民教育，旨在追求培养青少年的社会技能。它的教育目的是：让青少年拥有自信心和责任感；最大限度发挥自己的才能，能够进行抉择；主动承担作为市民的重要责任；学习并掌握健康安全的生活方式；构建和谐美好的人际关系；学会尊重个体之间的差异；等等。

43

这种 PSHE 课程产生于 20 世纪 80 年代。由于当时英国社会层级结构的改变以及价值观的逐渐多样化，导致家庭和地域的教育背景发生了急剧变化，使得这种着力于培养社会技术的教育课程方案应运而生。

（2）德国的道德教育

虽然德国每个州的道德教育都不相同，但是德国与英国非常类似，道德教育也以宗教教育为核心开展。尽管英国根据 1944 年的教育法令制定了明确的教育制度大纲，但并没有对国家整体的教育目标和内容进行具体规定。相比之下，德国在很多州的法律法令中都对道德教育有具体详细的规定。总之，德国的道德教育并不完全依赖于每个人来推行，国家、各州和社会也承担着重要责任并且发挥着不可替代的作用，这种道德教育方式在德国得到了广泛认可。从德意志联邦共和国基本法的内容来看，在人们信仰自由和信念自由得到充分保障的基础上，基本法第七条（学校制度）作出了如下规定："宗教教育作为公立学校课程是不可或缺的一部分，唯无宗教信仰之学校不在此限。"并且，"宗教教育在不妨害国家监督之限度内，必须依照宗教团体的教义施教"。但是，基本法第四条有这样的规定：必须保障"信仰与良心之自由及宗教与世界观表达之自由不可侵犯"。第七条又作出如下规定："子女教育权利人有权决定其子女是否接受宗教教育。"同时第七条中还对教师进行了规定，即"教师不得违反其意志而违背宗教教育义务"。也就是说，德国的宗教信仰自由得到了法律的强有力保障。

德国的大部分学校都是公立学校，这些公立学校大体分为三类，即宗教派别类学校、各宗教派别混合类学校、世界观学校①（实际上这种类型的学校基本不存在）。在宗教派别类学校，根据监护人的意愿，学生需要到不同宗教派别（基督教新教徒、天主教、犹太教）的学校上学，学习宗教科课程。在各宗教派别混合类学校，同一个班级的学生只有在宗教课时可以分别到自己所选的宗教派别课堂上课。正如基本法第七条中所规定的那样，"宗教教育必须按照宗教团体的教义来进行"。

德国宗教教育的具体情况是，宗教科课程在基础学校阶段为每周 2 小时到 4 小时，中等教育阶段为每周 2 小时左右。课堂具体内容包括：宗教式绘画和雕刻，参观访问教会和其他富有神圣意义的场所等实践活动，以及对《圣经》内容、教会历史等方面的学习；并在上述基督教基本知识的教授过程中，导入责任感、人生和勇气等一般意义上的道德教育课题。

不过，德国的道德教育并不是完全通过宗教教育来推行。比如，没有履修宗教科课程的初中生和高中生，必须履修"与伦理科相等的科目"，推行该制度的州也在不断增多。另外，勃兰登堡州还尝试推行"生活习惯养成·伦理·宗教"等课程。在此基础上，德国也做过很多全新的道德教育尝试。比如，道德教育虽然不是特定的教学科目，但是很多学校都在尝试将道德价值观植入"社会学习"（Soziales Lernen）之中，因为"社会学习"贯穿在学校生活中的各个领域，所以道德教育也在无形中得到普及。除此之外，初等教育阶段的"事实教授"（Sachunterricht）科目，中等教育阶段的地理、历史和经济等科目以及"劳动课"（Arbeitslehre）中，也增加了与道德教育相关的内容。

---

① 世界观学校：德国学校类型之一，目前德国只有一所，即由鲁道夫·斯坦纳创办的"自由瓦尔多夫学校"。——译者注

（3）法国的道德教育

法国公立学校推行的道德教育模式与欧洲其他国家完全不同。

自1882年时任教育部部长的费里进行改革以来，法国的公立教育根据政教分离原则，把宗教教育从公立学校中分离出来，设立了"道德·公民科"（instruction morale et civique）取而代之。这种教育方式与公立学校所推行的历史价值观相互对立，这是为了避免宗教信仰立场和世俗立场相对立而产生的后果。概括来讲，法国宗教教育不是在公立学校，而是在家庭和教会中全面推行。

因此，法国的学校主要通过"道德·公民科"来进行道德教育。在低年级推行的"道德·公民科"课程中，教师通过讲解寓言、童话等故事来唤醒学生们的内心。随着学年不断增长，教师还会通过格言和名言等素材来对学生进行与其相关的知识教育。

但是，法国的道德教育不仅仅局限于"道德·公民科"，其他各学科中也有所涉猎。比如，法国特别重视在语文学科中进行道德教育，课堂上教师通过讲读法国历史上最优秀的文学作品，来培养学生的爱国主义等价值观。不过，在中等学校阶段的语文课，教师更重视通过让学生反复阅读文本，来体会作者的内心感受。总之，语文教育被赋予了重要的道德教育使命。这也就意味着，法国的优秀文学传统并不是指狭义的文学作品，而是被引申为用于道德教育及人性养成的广义素材。

另外，约占法国20%的天主教派系私立学校都推行重视"对神和身边人的爱"和"礼仪"等内容的宗教教育。总之，与其他欧洲国家一样，法国在这些学校里设置了与宗教相关的课程。

但是，移民问题特别是伊斯兰社会的稳定问题，即在法国出生的移民子女受社会歧视问题以及经济差距问题日益暴露之后，校园暴力问题也愈演愈烈。为了解决上述社会问题，法国公民教育的推行范围逐渐扩大。1985年，法国在小学和中学（中等教育前期）引入了"市民教育"这一科目，为了发挥该科目的作用，教育部又于1996年引入了公民教育。这里所提及的公民教育，是以"市民教育"学科作为学校教育课程的核心，并与所有教师都密切相关的教育形式。1999 年之后，法国在公立中学（中等教育后期）中开始设置"市民·法律·社会教育"课程，并取得了显著的教育效果。

(4) 美国的道德教育

美国曾经和欧洲各国一样，也是通过宗教教育来进行道德教育。特别是殖民地时代，通过宗教所进行的道德教育，在整个学校教育内容中占据极其重要的地位。其中最具代表性的是东北部新英格兰地区和中北部地区所实施的道德教育形式。最初，美利坚合众国就是由追求宗教信仰自由、远渡重洋的 102 位清教徒建立的，所以美国必然会重视道德教育与宗教之间的紧密联系，尤其重视基督教在教育中的作用。

随着时代的进步和发展，美国学校教育即公立学校教育的宗教色彩逐渐被弱化。殖民地时期以来，公立教育中各个宗派之间的对立是导致这一现象的主要原因。为了弱化宗教在学校教育中的作用，美国将学校教育的世俗化转变列入计划之中，开始在法律法规层面将宗教和教育进行分离。因此，代表不同宗派思想的宗教教育逐渐从学校教育中被分离出来。

但是，美国是地方分权制国家，联邦政府不负责制定教育计划，也不设专门教育计划机构，各州和各市拥有最大限度的教育权利，可以根据各地区实际情况制定教育制度和教育课程。因此，州与州、城市与城市之间存在着很大差异，当然道德教育也不例外，每个地区都不相同。不过，也存在着很多共同点。美国的公立学校并没有设置专门学科或者安排专门的学习时间来进行道德教育。可以说美国是通过学校全体教育活动来推行道德教育的。在各学科中，社会科（social studies）和公民科（civics）也发挥了非常重要的作用。这种道德教育从 1960 年开始在全美国发生了重大变革。

20 世纪 60 年代，美国经历了越南战争，社会状况极不安定，反对种族歧视的民权运动也日趋激化，尤其是 60 年代后期全美各地频繁发生女性解放运动，都使得人们对美国社会现存价值观产生了质疑，由此引起的社会混乱范围也逐渐扩大。人们对包含着绝对价值的道德教育逐渐丧失信心。在这样的社会背景下，全新的道德教育理论应运而生，这些教育理论的主要特点是不再向学生灌输各种道德价值，而是去明确他们的价值观念。其中最具代表性的是由纽约大学教育学院路易斯·拉斯（Raths，L.E.）教授提出的"价值澄清"理论。

"价值澄清"理论保持了价值中立的特点，虽然在 20 世纪 70 年代被充分地应用于教育一线，但是由于其具有价值相对主义的缺陷，不断遭到来自各方的批判。在充分吸收批判意见的基础上，科尔伯格提出了全新的道德教育思想——"道德两难问题讨论法"，该理论一经提出便备受大家关注。20 世纪 90 年代，美国通过这样的道德教育探讨，促使教师不得不在教育过程中发挥其指导作用，进而遭到了各方的批判。在这样的背景下，强调直接教授价值内容必要性的品格教育（character education）理论应运而生。品格教育的代表人物之——卡尔·罗杰斯（Rogers，C. R.）提出了"非指示式的探讨"和"重视自尊心"等理论。另外，品格教育的倡导者威廉姆·克伯屈（Kilpatrick W.）称拉斯等人所提出的"价值澄清"理论和科尔伯格的"道德两难问题讨论法"等道德教育理论均为"自我决定"的方法，并对这种忽视青少年道德性的做法进行了激烈的抨击。针对这些不足，威廉姆·克伯屈提出了品格教育理论。在这样的背景下，品格教育从 1990 年开始在美国快速普及和发展起来。

与日本相比，美国青少年吸毒和性犯罪事件发生率更高且日趋严重。在克林顿（1993—2001 年）和乔治·沃克·布什（2001—2009 年）执政时期，政府提供了大量经费推行品格教育，品格教育的发展达到鼎盛时期。

（5）韩国的道德教育

从 1910 年开始，韩国在日本的殖民统治下走过了 35 年，当时，韩国同日本一样，将修身科作为各科目之首，实行修身教育。这种教育模式不只发挥着道德教育的作用，而是担负着"日化"韩国人的重要思想教育使命。但是，第二次世界大战以后，美国军政厅将以往与日本军国主义相关的教育内容一扫而光，于 1945 年 9 月废止修身科，开设了全新的以养

48

成民主公民为目标的公民科。不过,第二年公民科又被社会生活科取代。1955 年,韩国教育部进行了第一次教育课程改革,其中提及了有关道义教育①方面的内容;直到 1973 年第三次教育课程改革,韩国设置了道德教育的专门学科,该学科一直延续到 1998 年第七次教育课程改革,期间道德教育的重要地位一直没有改变。1991 年第六次教育课程改革以后,小学低年级(一、二年级)废除了道德科,重新开设了重视养成学生基本生活习惯和礼仪规范习惯化的新科目,并正式将原来的道德科更名为"正确的生活"。

韩国在 1998 年第七次教育课程改革中对道德教育科目进行了较大幅度的调整:在小学一年级和二年级开设"正确的生活"科目;在高中二年级和三年级开设选修科目"市民伦理"、"伦理和思想"以及"传统伦理";从小学三年级开始到高中一年级开设道德课,并且将道德课置于仅次于语文课的重要地位。由此可见,道德课是韩国教育改革政策中的重要内容,道德课所使用的教科书也由国家进行制定。

韩国教育部门对于道德课目标作了如下规定:要体验各项规范和礼仪,形成合理的判断力和市民意识,养成国家、民族意识。在此基础上,又对四个具体目标作了阐述。

道德课的内容按照"个人"、"家庭、邻里、学校"、"社会"、"国家、民族"四个层面进行分类,详细规定了每个层面必须教授的主要价值(德目),列举了不同学年的具体内容。其中所规定的主要价值(德目)如下:"个人"层面的主要价值观(德目)是尊重生命、诚实、正直、自主、节制;"家庭、邻里、学校"层面的主要价值观(德目)是互敬互爱、遵守孝道、有礼有节、团结合作、热爱学校、热爱家乡;"社会"层面的主要价值观(德目)是指遵纪守法、为他人考虑、保护环境、有正义感、有共同体意识;"国家、民族"层面的主要价值观(德目)是热爱祖国、热爱

49

---

① 道义教育:韩国初等教育课程中关于道德教育的课程名称。主要内容包括:自我实践道德,人际关系道德,经济、职业道德等。——译者注

民族、具有安全保护意识、和平统一、热爱人类。

按照上述目标和内容的规定，道德课的指导方法也进行了调整，即注重对认知领域、情意领域和行动领域进行关联指导，这是韩国道德教育课最明显的特征之一。另外，将美国人格教育的理念和方法引入道德教育，也是韩国道德教育的特征之一。

韩国的教育课程改革是伴随着政治变革而开展的。所以，道德教育的内容也会随时代的发展而发生巨大的变化。不过在众多的变化之中，国家对道德教育的重视程度并没有改变。在儒教文化圈的背景下，1949年韩国教育部制定教育法，第一条的内容是"教育的宗旨就是在'弘益人间'的理念下，协助所有人完善其个人的品德、培养具有独立生活能力的公民，使其成为民主国家的建设者，并努力实现全人类繁荣的理想"，其与道德教育的紧密联系显而易见。特别是这里还重点强调了"弘益人间"的理念是为了其他人的利益，也就是令天下苍生共同受益的利他精神，它被称作是韩国道德教育的根基。不过，令人遗憾的是，"弘益人间"这个词语的意义随着历史的发展而不断变化，时至今日其含义与刚提出时的本义已经截然不同。

（6）中国的道德教育

从以"仁"的思想为核心的儒学（原始儒学）视点出发来看，我们不难发现孔子主张政治与道德一体化，提出了政治伦理化观点。因此，在处于儒教文化圈中心的中国，道德与政治紧密相连。最能体现这种体制的代表性词语应该是"以德治国"，在"以德治国"思想的引领下，诸多道德规范逐渐演变为政治信条，道德是政府维护社会安定，实施统治的有效手段之一。正因为如此，与道德教育相关的学科在小学、初中和高中的各学科中都处于首要位置，虽然道德教育在每个时代都会发生变化，但是政府和国家重视发展道德教育的态度却完全没有改变。1957年，毛泽东发表了《关于正确处理人民内部矛盾的问题》，其中明确提出了社会主义教育方针："我们的教育方针，应该使受教育者在德育、智育、体育几方面都得到发展，成为有社会主义觉悟的有文化的劳动者。"可以发现，该方

50

针将德育放在首要位置（智育和体育之前），这一点应该是体现国家重视道德教育最有力的证明。当时国家提出的道德教育基本目标可以概括为"五爱"精神，具体是指 1949 年《中华人民共和国政治协商会议共同纲领》第四十二条中规定的公民公德教育目标："爱祖国、爱人民、爱劳动、爱科学、爱护公共财物"。为了实现"五爱"教育目标，当时学校主要通过灌输式教学法进行教学。

但是，中国在 1966—1976 这十年间经历了"文化大革命"，这一阶段道德教育被打上了深深的阶级烙印，良好品德的培养被严重忽视，品德教育的政治化倾向日趋严重。1978 年改革开放以来，不同文化背景的价值观和世界观不断涌进，社会思潮也随之发生了翻天覆地的变化。正因为如此，仍然以原有的传统价值观和世界观为基础的道德教育，既不能找到解决青少年道德荒废问题的有效方法，也不能培养出能够顺应剧烈社会变化的人才。在这种背景下，1986 年全国人大通过了《中华人民共和国义务教育法》，为义务教育提供了法律保障。1999 年，为了进一步充实道德教育，将原有只重视分数高低的"应试教育"更改为把学生的精神和创造实践能力作为重点的"素质教育"。换句话说，这次改革的特征可以看作是从重视知识的教育转变为重视促进德育、智育、体育和美育全面发展的教育。这次改革后不久，2001 年教育部又发布了《基础教育课程改革纲要》，并在全国开始试行。该纲要详细记述了道德教育相关学科的变化内容：将小学阶段的"思想品德"进行改革，在低年级（一、二年级）开设"品德与生活"课程，以这一阶段学生的生活为基础，培养其良好的品德和行为习惯；在中、高年级（三至六年级）开设"品德与社会"课程，该课程的目标是为了促进这一阶段的学生养成良好品德和社会性。另外，在中学阶段，将原来开设的"思想政治"改为"思想品德"（高中仍然开设"思想政治"），新课程的宗旨是为了引导学生能够更好地处理个人与集体、国家、社会之间的关系。

综上所述，在中国，从小学到高中都开设了与道德教育相关的科目，虽然这一点与日本不同，但是中日两国的道德教育也具有相通性，即都将道德课的内容与社会课的内容相互融合。不过，日本是将"道德时间"与生活课、社会课并列设置，三者之间有一定关联。中国是将道德的内容融合在生活课和社会课之中，设立了综合学科。从这一点可以看出，无论是倡导共产主义的现代中国社会还是主张儒家德治思想的古代中国社会，政府重视道德教育的态度和决心都能够从课程设置中窥见一斑。

2. 道德教育理论及其产生背景

(1) 涂尔干（デュルケム）

19世纪后半叶，法国确立了从公立教育中把宗教分离出去的制度。这一制度推出后，"根据宗教的教义和戒律，不具备权威的道德教育能否成立"这一问题成为当时人们最为关心的问题。当时，现代社会学创始人涂尔干，为了法国人民的利益，提出了"确立普遍的社会化道德教育"观点，并发表了《道德教育》（《道德教育論》）。为了使蕴含于宗教之中的道德教育发挥作用，涂尔干把道德作为事实加以考察，并成功对其本质要素进行概括，共包含三方面内容：第一，"纪律精神"；第二，"牺牲精神"；第三，"自律精神"。

首先，关于第一点"纪律精神"。涂尔干指出，道德的根本要素是"各种明确规范的总体"。所以，规范的功能就是确定行为，消除个人的随意性，使行为具有一致性，即在相似的环境中，个体会有相似的行为。这种在类似的环境中会有类似的行为就是我们常说的习惯。涂尔干把行为的这种一致性与习惯性称为"常规性"，并认为"常规性"是规范的一个内在特征。因此，"纪律精神"被作为"所有道德性的首要基本心性"而备受重视，同时，我们也可以发现道德性不是单纯的习惯体系，而是来自外部的命令体系。

其次，关于第二点"牺牲精神"。涂尔干根据人类行为的不同目的把人类行为分为两类：个人行为和非个人行为。前者是指追求个人自身利益的行为，后者是指与个人自身利益无关的行为。涂尔干指出，为自身利益服务的行为从来就不具有道德价值，道德行为总是追求非个人目的。不是为了个人利益，而是为了集体或社会利益而行动，就是一种牺牲精神。涂尔干把牺牲精神认定为道德的次要要素。总之，道德始终贯穿于个体、集体、社会相联系的过程之中。从这个意义上来说，"牺牲精神"是必不可少的要素。

关于第三点"自律精神"，在考察前两个要素时，涂尔干把道德看作是一个由各种规范组成的体系。从根本上说规范是他律的，与道德意识的实际倾向（自律）相反。正如涂尔干所强调的"我们为了发挥根据促进规则的自发性演变而来的积极作用，应该逐渐从受动型向能动型转变"的观点那样，对自由意志的包容性是非常重要的要素。

简单概括来说，向青少年讲授上述这三个重要道德规律，是涂尔干所提倡的道德教育理论的核心。从这个意义上来讲，涂尔干的《道德教育》中所提出的指导方法具有以讲授重要道德教育内容为主的显著特征，可以说它是具体化方法的前提。

（2）弗洛伊德（フロイト）

关于人格的发展，该领域进行研究的领军人物层出不穷，弗洛伊德就是其中最具代表性的人物之一。弗洛伊德在开发和挖掘人类无意识领域方面有着杰出成就，他是一名奥地利精神科医生，并作为精神分析的创始人而被大家熟知。关于弗洛伊德，很多日本学者认为他的研究主要是着眼于"性冲动"（リビドー），也就是把人类的行为用"性"来说明和阐释。所以，大家对他本人的认识和宣传都或多或少的存在偏见和误解。但是，如果将弗洛伊德与他的弟子荣格（Jung，C.G.）进行对比便不难发现，与始终和自己的女性患者保持肉体关系的荣格不同，弗洛伊德于公于私都是一位非常耿直的人。最初，弗洛伊德的精神分析理论被人们作为精神分裂和神经病的病因原理和治疗法而进行推广，后来逐渐发展为与人类精神构造相关的理论思想。在这个变化过程中，道德性的发展始终是值得关注和分析的。

近代哲学家康德（Kant，I.）曾经指出，人在道德上是自主的，人的行为虽然受到客观外界因素的限制，但人之所以为人，就在于人有道德上的自由能力，能超越客观存在，有能力为自己的行为负责。与康德的观点不同，弗洛伊德认为，每一个个体的人格结构是由"本我"、"自我"和"超我"三个部分组成。其中"超我"是人格中的道德成分，它是对"自我"实行支配和统治的力量。"超我"由两部分组成，一是良心，它是由儿童期受到的来自父母的约束和惩罚经验内化而成的。弗洛伊德认为，在一个人的成长过程中，一旦外部控制行为的奖罚经验演变成内部控制行为的心理之后，人格中的"超我"就发展起来了。

具体来说，"自我"是为了使欲望得到满足，"本我"是本来的主体，"超我"发挥着调整"自我"所谋求欲望的"道德权力化"的作用。根据弗洛伊德的想法，这种"超我"是在儿童5岁左右自卑感消失时形成的。

综上所述，弗洛伊德主张由他人来抑制青少年内心的欲望，并在这个过程中引导他们掌握如何抑制欲望的方法，同时将社会道德规范逐渐内化。正是通过这样的过程，使他们逐渐树立起作为社会一员的认识。

在弗洛伊德之后也曾涌现出很多研究弗洛伊德思想的分支派别，其中包括根据弗洛伊德精神分析衍生出来的人格发展理论。该理论详细地阐释了如何将外界的规律和规范进行内化。并且在该过程中，如果使用精神分析的用语，道德性自律是将"本我"的欲求融入自身并将其置换为压制的"超我"，将内在的欲求和外在的规律折中融合，实际上就是在依存他人的同时掌握他律式的行动方式，并很快从这种状态中脱离出来，转换为自我行动的过程。

（3）皮亚杰（ピアジェ）

在弗洛伊德学派的人格发展理论研究者中，对其进行科学观察并不断推动其发展的代表人物当属瑞士的皮亚杰（Piaget，J.）。皮亚杰提出的认知发展理论，是为了科学地阐释和说明在人类认识上产生的各种问题。这种认知发展理论是对那种没有完全摸透青少年发展过程的陈旧道德教育理论的明确批判。另外，皮亚杰的研究也同弗洛伊德一样，主张

53

54

不应该从大人的视角来洞察儿童的发展，而要把儿童自身作为最直接的观察对象。

皮亚杰利用"打弹子游戏"来探究人格的发展。在游戏过程中他通过对正在玩游戏的儿童进行关于规则实践和规则意识的提问，来设想和判定他们每一阶段的发展状况。

首先，关于游戏规则的实践，皮亚杰将其设想为三个阶段。其中第一个阶段是按照自己的想法玩弹珠游戏的"运动式个人阶段"，即儿童完全按照规则的样子进行模仿，即使有朋友在，也要按照自己的意愿来进行游戏的"以自我为中心的阶段"（大约2—5岁）；第二个阶段是和朋友一起做游戏的时候，想要战胜朋友的"在团结合作中的阶段"（大约7—8岁）；第三阶段是指真正开始尊重规则的"规则制定化阶段"（大约11—12岁）。

另外，关于规则意识，皮亚杰将其分为三个阶段，即前道德、道德他律和道德自律三个阶段。在第一阶段，规则并不构成责任意识，或者说没有约束力，因此和道德无关。第二阶段是以自我为中心，向大龄儿童模仿阶段，游戏不具有社会意义，只有个人意义。这与规则认识的第一阶段末尾以及第二阶段开始相对应。第三阶段是初步协作阶段，儿童努力想胜过对方，互相要求对方在对等的条件下进行游戏，服从规则。

从上面的考察过程可以看出，皮亚杰的观点可以概括为两个方面。具体来说，第一，是将儿童的道德分为两种：一种是遵循大人或者权利行使者的"约束型道德"，另一种是自己可能修正的"合作型道德"。第二，前面提及的两种道德是在遵循知识发展的前提下，从前者发展为后者。因此，皮亚杰主张，儿童是从以自我为中心的前道德阶段开始，经历他律道德阶段到自律道德阶段。

但是，瓦隆（Wallon，H.）针对这种以知性发展为基调的认知发展理论进行了严厉的批判。他认为，儿童从出生开始就被包围在人类的情感关系之中，皮亚杰的见解完全脱离了这种天然关系和情感的视点。可以说，瓦隆的这种观点一针见血地指出了皮亚杰道德教育理论的弱点。

55

（4）杜威（デューイ）

19世纪80年代美国正处于赫尔巴特主义品格教育（character education）的全盛时期，当时，杜威（Dewey，J.）成为批判这一时代风潮的代表性人物之一，他提出了要注重青少年生活体验和成长经验的道德教育理论。

杜威指出，"道德观念"（moral ideas）与"关于道德的观念"（ideas about morality）是有本质区别的，完全灌输后者内容的道德教育只能停留于形式化和表面化的非现实认识层面，因此它遭到批判和反对是必然的。归根结底，杜威重视培养作为活动指南的"道德观念"，专注追求能够指导这种观念以及行为活动的道德品格。为了实现这一目标，杜威并不主张利用专门时间教授道德，即所谓的"直接道德教导"（direct moral instruction）。他鼓励利用学校生活中的所有道具和教材，再加上教师的品格与德行，即通过间接指导——"间接道德教导"（indirect moral instruction）来培养人性。关于这一点正如杜威所说的那样："教师自身的品行、学校的氛围和理想、教育方法以及包括学科教授过程中的所有细节，都是与能将知识学习成果付诸于行动并指导行动的人性养成紧密生动地结合在一起的。"因此，学校就成为饱含民主、进步等良好社会精神的场所。这样的学校才是完全弘扬杜威教育思想的学校，其中道德教育的目的是使学生做好步入现实社会生活的充分准备。可以看出，与将行为规范置于古老习惯的"习惯式道德"相比，杜威更加提倡通过对理想、思考等各种原理进行反思的"反省式道德"，重视对行为主体进行再创造的过程。同时他还提出，通过自我反省来养成良好情操的课程，很有可能使人形成自我感情戒备的病态想法，并进而培养出对自己的感情、想法抱有过度自责及患有心理疾病的人。对于这一点，他是极力批判的。从这一立场出发，可以看出在道德问题方面，杜威主张以能够解决现实问题为目标的"问题解决型"道德教育方法。虽然他的这种观点对于与社会生活紧密联系的现实道德学习来说大有裨益，但是对于设置专门"道德时间"的日本来说，一定会成为被批判的对象。正因为如此，直到现在杜威的道德教育

56

理论仍被认为是"爬行经验主义"①，尤其是那些提倡特设道德和道德科等专门道德课的教育专家们，对杜威的理论更是持强烈反对态度。

当然，我们暂且不提是否应该赞成杜威的观点，如果客观地看待杜威的道德教育理论可以发现，他并没有明确区分"社会性事物"（the social）和"道德性事物"（the moral）的不同。同时，他也没有对绝对的"神"和未知的事物进行深入的探究，而是完全信赖人性和社会，或者说是对人性和社会明显抱有完全的信仰和依赖。这可能也是以他的思想作为基础的现实实用主义哲学（19世纪末形成于美国，代表人物有詹姆斯、皮尔斯、杜威等）兴起的原因。

（5）路易斯·拉斯、里尔·哈明、西蒙（ラス、ハーミン、サイモン）

20世纪六七十年代，美国社会经历了剧烈变革，当时的著名学者拉斯等人以杜威和罗杰斯的价值论为基础，提出了被称为"价值澄清理论"（Values Clarification）的价值教育和道德教育方法。这个时期的美国深受越南战争和冷战的影响，美国社会原有的传统价值和传统文化的绝对性逐渐动摇，各种价值观念混杂、对立的问题也越来越深刻。在这样的社会状况下，拉斯等人努力思考如何才能够帮助青少年在这样纷繁复杂的思潮中将自己的思想从混乱中摆脱出来，也就是要帮助他们澄清自身的价值观。

拉斯等人认为，与其教授青少年价值观念，倒不如让他们学会"获得价值观念"的方法。他们强调获得价值观念需要三个步骤以及七个标准。

第一，选择：①自由选择。②从多种可能中选择。③对结果深思熟虑的选择。

第二，珍视：④珍惜自己的选择，并为自己能有这种理性选择而充满自豪，看作是自己内在能力的表现和自己生活的一部分。⑤确认，即以充分的理由再次肯定这种选择，并乐意公开、与别人分享而不会因这种选择

---

① 爬行经验主义：日本道德教育专家认为，杜威所提倡的教育思想是行动主义，就像婴儿一样只会进行"爬行"这个动作，而不知道要怎么爬，爬向哪里。——译者注

而感到羞愧。

第三，行动：⑥依据选择行动，即鼓励学生把信奉的价值观付诸行动，指导行动，使行动反映出选择的价值取向。⑦反复行动，即鼓励学生反复坚定地把价值观付诸行动，使之成为某种生活方式或行为模式。

具体的方法包括：交谈法——"澄清回答"（clarifying response）；书写法——"价值单"（values sheets）；讨论法；等等。

将这种"价值澄清"过程进一步完善的代表人物是哈明（Harmin，M.）的弟子，从拉斯一辈算起即拉斯的徒孙——霍华德·基尔申鲍姆（Kirschenbaum，H.）。他采用将"价值澄清"融入心理咨询技巧的方法，将这一过程按照以下五个阶段进行分类：首先要"思考"，然后是"感受"和"选择"，最后一步是"沟通"和"行动"。通过这五个阶段，过程主义就变得更加彻底。实际上，"价值澄清"理论和方法也在日本的学校中宣传过，但是真正意义上被推广的并不是拉斯、哈明和西蒙（Simon，S.B.）的思想，而是重视心理咨询技巧的霍华德·基尔申鲍姆的方法。

上述"价值澄清理论"思想强烈呼吁无论在美国还是日本，保持价值中立主义立场道德教育的教师们，都应该尝试这样的实践。特别是，该思想否定单方面灌输现有价值观，并计划最大限度地尊重青少年自己所作出的决定。然而，在 20 世纪 80 年代的美国，关于作为"价值澄清"理论基础的价值相对主义的界限问题遭到了来自学界的严加指责和批判。 58

（6）科尔伯格（コールバーグ）

科尔伯格（Kohlberg，L.）的道德教育理论与前面提到的拉斯等人的"价值澄清"理论大约在同一时期提出。所以同拉斯等人一样，科尔伯格也主张将如何应对混乱对立的各种价值作为主要课题。另外，科尔伯格也针对美国传统道德教育方法中的价值教化（inculcation）问题进行了批判，他反对这种灌输式（indoctrination）的教育方法。从这一点来看，他的观点与拉斯的观点有共通之处。但是在其他方面，由于科尔伯格完全赞同拉斯等人的伦理相对主义，导致他在解决价值混乱问题时认识不够深刻，并没有提出其他更新颖的理论和方法。不过，作为美国著名的进步心理学家，科尔伯格在参考借鉴杜威教育理论的基础上，开创了独具特色的以心理学理论为基础的道德教育论。他根据当时在美国占绝对主导地位的皮亚杰认知发展理论，提出了通过三种水平、六个阶段推行的全新道德性发展阶段理论。皮亚杰的道德性发展理论描述了从由他律到自律，即由幼儿到儿童前期的成长阶段特点。科尔伯格将该理论向前推动一步，即将其定义为从幼儿期开始一直延续到成人阶段的道德性发展脉络。[①]

水平Ⅰ.前习俗水平。

第一阶段：服从与惩罚的道德定向阶段。

第二阶段：相对功利的道德定向阶段。

水平Ⅱ.习俗水平。

第三阶段：人际和谐的道德定向阶段，也称为"好孩子"定向阶段。

第四阶段：维护权威或者秩序的道德定向阶段。

水平Ⅲ.后习俗水平。

第五阶段：社会契约的道德定向阶段。

第六阶段：普遍原则的道德定向阶段。

上述理论不是从条条框框中整理出来的主观设计，而是构筑在现实的理论和实践基础之上，比较完整地回答了道德教育"是什么"、"怎样做"以及"为什么这样做"的问题。科尔伯格认为，道德性（道德修养）的发展进步不是广泛涉猎然后加以吸收消化的量的积累，而是对自己与他人之间关系的认知结构进行质的重组。这种方法是基于对道德价值自觉性的鼓励，也就是教授青少年道德的价值，引导其将道德价值内化为自身道德修养，这与日本道德教育界的普遍常识完全不同。在科尔伯格看来，道德发展必须经由社会性刺激，以此来促进认知构造的改变，这是使道德性发展阶段不断上升的最有效的方式。总之，科尔伯格不仅提出了儿童道德认知发展的阶段模式理论，还创造性地提出了"道德发展是认知发展的有

---

① 永野重史：《道德性発達と教育—コールバーグ理論の展開—》，新曜社，1985年，第22—23页。

机组成部分"这一思想，论证了促进儿童道德发展的关键是提高儿童道德判断和推理能力的观点。科尔伯格反对道德灌输，他非常重视受教育者的主体地位，强调受教育者的主动性、自觉性和积极性，主张尊重学生主体性。这也就意味着，科尔伯格的教育论虽然与"价值澄清"理论是共通的，但是并不像"价值澄清"理论那样承认价值观之间的差异并将其融合在一起，而是根据所设定的明确评价标准，在确认道德性发展状况的同时，完善促进其发展的理论模式。不过，随后不久科尔伯格便发现了自己理论的不足之处。这个理论在促进青少年道德判断能力方面确实效果明显，这一点在发展阶段理论的证明中也有体现，但是并没有带来道德判断与行为的统一。在修正发展阶段和它的测定方法的过程中，孩子在成人之前根本达不到摆脱习惯的标准。因此，科尔伯格主张要多加考虑究竟有哪些综合因素对青少年道德行为的变化产生了重要影响。

晚年的科尔伯格将人在道德判断能力下降时所处的集团和制度的环境称为"道德氛围"（moral atmosphere），为了营造出良好的道德氛围，科尔伯格在对柏拉图、杜威思想都进行借鉴的基础上，逐步探索创造出一种新的道德教育方法——"公正团体法"（just community approach）。这一方法主要通过师生的民主参与活动，营造公正的团体氛围，引导学生积极地参与社会生活，帮助他们养成知行合一、言行一致的道德品质。在公正团体中，教师的角色也发生了相应的转变，他们从道德讨论法中的引导者变成了道德社会化过程中的促进者。

（7）里克纳（リコーナ）

20 世纪 60 年代至 90 年代，拉斯等人提出的"价值澄清"理论以及科尔伯格提出的道德教育论在全美产生了巨大影响，但是随着这些理论在实践过程中遇到很多困难，来自各方批判的呼声也愈来愈强烈，使得这两种理论的势力逐渐减弱。在前面提到的来自各方的批判声音之中，当属基尔帕特里克的批判最为严厉。他认为这两种理论都呼吁"自己决定"式的方法，这种方法并不合适，应该由在美国拥有悠久历史传统的品格教育方法取代它们。因此，从 20 世纪 90 年代开始，品格教育在政府的大力援助和支持下被广泛推广。不过提到对品格教育的理解，可能存在很多不同的立场，其中最具代表性的人物是纽约大学"为了第四 R 和第五 R"①研究中心的负责人里克纳（Lickona，T.）教授。他认为不应该对拉斯等人提出的"价值澄清"理论以及科尔伯格提出的道德教育论进行完全否定式的批判，而是要在坚实的理论根据下，学习这两种价值理论的长处，再结合自己的观点综合地进行人格教育。里克纳教授还提出了在尊重传统的读、写、计算 3R 方法的基础上，增加第四 R 和第五 R，并将这些方法熟练应用于道德教育之中。

里克纳所提出的品格教育理论的前提是要教授青少年正直、忠诚和责任感等各种价值观。在此基础上，他还提倡必须向青少年教授普遍的、基本的道德价值概念。在里克纳看来，这些道德价值概念不同于宗教价值概念，因为人们可以根据自身需要来自主决定是否接受宗教价值概念，而道德价值概念则可以通过学校进行传授。比如美国就是通过公立学校来教授世界人权宣言中的基本价值概念，如不同于"读"、"写"、"计算"3R方法的"尊重"（4R）和"责任"（5R）。

里克纳认为，在把握好向青少年教授其他那些必须教授的各种价值，即尊重和责任的关系的同时，不能仅简单地停留在对每个价值的思考上，而是要将这些价值条目付诸行动，并反复循环直到养成良好习惯为止。正因为如此，能够将好的行为进行反复练习的学校才是养成良好交流沟通习惯的关键所在。从这一点来看，里克纳将品格教育的有效指导方法内容概括如下：②

① 教师应该成为爱学生的人，是学生的楷模和道德指导者。

② 创建团结友爱的班集体。

③ 使用道德纪律。

① 第四 R 和第五 R：美国普遍认为学校目的是 3R，即阅读、写作和数学。里克纳提出了第四 R、第五 R，即责任和尊重。——译者注

② リコーナ：《人格の教育—新しい徳の教え方学び方—》，水野修次郎监译，北樹出版，2001 年，第 156 页。

④ 创建民主的班级氛围。

⑤ 通过课程向学生教授价值观。

⑥ 合作学习。

⑦ 要具备本领与技能。

⑧ 鼓励道德反思。

⑨ 思考解决矛盾的办法。

⑩ 养成脱离教室之外的同情心。

⑪ 创造学校的道德文化。

⑫ 学校、家庭和社区进行合作。

里克纳指出，上述 12 个项目中，从 ① 到 ⑨ 的方法是在教室范围内进行的，⑩ 到 ⑫ 是在学校整体基础上进行的。虽然这些方法是在其他理论基础上很巧妙地"打着补丁"，但是在实践方法上为教师们提供了一定的借鉴。

62

（8）其他理论

除了上面所介绍的理论之外，很多先辈也曾提出过众多与道德以及道德教育相关的重要理论。在欧洲，最具代表性的人物包括：苏格拉底，他主张将"无知之知"作为起点，根据助产术使每个人自觉地了解到自己的无知进而能去探索真知；柏拉图（Plato），他通过"道德是可以教会的吗"的主题，提出了"四美德"（勇气、智慧、节制、正义）和"善的理念"；亚里士多德（Aristoteles），他认为性格中的德性应通过习惯来获得。同样，亚洲也涌现出诸多代表人物，其中最为大家熟知的当属提出了"己所不欲，勿施于人"的孔子。在这之后，欧洲的代表人物还有：托马斯·阿奎那（Aquinas, T.），他在原有的"四美德"（四元德）基础上增加了信、望、爱，进而演变为"七美德"（七元德）；康德提出了定言命令，并将其定义为"如果某种行为无关于任何目的，而出自纯粹客观必然性，那么支配这种行为的理性观念即为定言命令"；还有斯宾诺莎（Spinoza, B.）、莱布尼茨（Leibniz, G. W.）、洛克（Locke, J.）、费希特（Fichte, J.G.）、谢林（Schelling, F. W. J.）、黑格尔（Hegel, G. W. F.）等。在日本，以提出"恶人成佛"思想的亲鸾为代表的贝原益轩、伊藤仁斋、荻生徂徕、山鹿素行①等人都极具代表性。总之，对道德提出独特见解的思想家、教育家、学者简直是不胜枚举。因此，本章接下来要对 20 世纪以来提出主要道德教育理论及教育思想的代表性人物进行简单介绍，尝试对他们的理论和思想进行分析，以求能对前面所陈述的内容作出补充。

首先要介绍的是英国教育家彼得斯（Peters，R.S.）和威尔逊（Wilson，J.）。彼得斯作为分析哲学流派的创始人，他的道德教育理论主要以理性主义为基础而不断展开。他认为要着眼于理性，特别是要重视带有理性的"感光性"（sensitization）。另外，威尔逊通过对"道德教育模式下的人类"这个概念进行系统分析，明确了道德的构成要素。在他看来，道德教育的目的是促进青少年道德构成要素的全面发展。这里所提及的道德构成要素是指通过对哲学内容进行有特点的分析而总结出的结果。例如，"平等看待和对待他人，将他人的利害也视为同等重要的事物"，"别人是什么感觉，了解别人利害关系的能力"，等等。②从这个意义上来讲，这与注重道德价值的传达和内化的道德教育论有本质区别。

接下来要介绍的是美国的吉利根（Gilligan，C.）等人，他们都对科尔伯格的道德教育论进行了批判。其中，吉利根作为女性心理学家，从女性的视角出发，对科尔伯格的实验提出了质疑，她认为科尔伯格的研究单纯以男性为样本，以男性的道德视角来代表整个人类的道德，忽略了女性的道德发展。与科尔伯格的研究不同，吉利根在研究中让女生敞开心扉，大胆地谈论自我和道德。最后，吉利根提出了关怀道德理论，该理论把道德发展划分为三个水平和两个过渡时期，并且认为道德倾向有性别区分，男性较倾向于公正取向的道德伦理观，女性倾向于关怀取向的道德伦理观。不过，很快就出现了对吉利根的这种发展阶段构想提出质疑的人物，她就是美国著名女性教育哲学家内尔·诺丁斯（Nel，Noddings）。

---

① 贝原益轩：日本哲学家、游记作家和植物学家的先驱。伊藤仁斋、荻生徂徕、山鹿素行：日本古学派代表人物。——译者注

② Wilson，J.，*Moral Education and the Curriculum*，Pergamon Press，1969，p.2.

内尔·诺丁斯主张"关怀伦理"的思想，她认为：关怀就是一种"投注或全身投入"的状态，即在精神上有某种责任感，对某事或某人抱有担心和牵挂。她强调的是精神层面的关怀，对人或者事要付出感情。吉利根和内尔·诺丁斯的看法有着共通之处。不过内尔·诺丁斯认为，道德的基础不是像正义和责任这样极其普遍化的道德原理，而是要谋求为了身边的人，有那种主动去关心和照顾她们的欲望和请求。因此，比起道德判断的正当性，"关心与被关心的关系"是人类道德的基本需要。诺丁斯强调：关心，意味着一种关系，最基本的表现形式是两个人之间的一种联系。两个人中，一方付出关心，另一方接受关心。要使这种关系成为一种关心关系，当事人双方都必须满足某些条件，否则关系将被破坏。不过，在学校和社会生活中，怎样将道德性养成和"关心与被关心的关系"理论进行结合还需要进一步探讨。

最后要介绍的是德国斯普朗格（Spranger，E.）的道德教育论，他的主要观点是强调"良心的觉醒"。斯普朗格通过价值标准对人类的精神构造按照六种类型（理论型、经济型、艺术型、社会型、权力型、宗教型）作出了分类，因而成为非常有影响力的学者。作为教育哲学家，他虽然对道德教育相关理论进行了细致严密的分析考察，但是对实践层面没有展开深入研究。同时期还有一位著名的教育学家——斯坦纳（Steiner，R.）[①]。斯坦纳通过自由学校这样的教育现场活动将自己的道德教育论付诸实践。当然，对于斯坦纳的宗教式教育观和人类学观点也存在各种各样的质疑和批判，但是这个学校基本上可以被称为"道德学校"，且还作为"虽无道德教育却热心于人类教育的学校"而被大家所熟知。斯坦纳提出，"指导学生如何正确把握道德式冲动是最重要、最关键的课题"，"所谓的道德性就是使拥有原初本质的人成为人"。通过以上观点，可以看出他非常重视道德教育。在斯坦纳看来，必须教授感谢、爱和义务这三种基本的道德品性。斯坦纳主张学校培养目标、课程内容以及教学方法的设置都应该以七

64

[①] 斯坦纳（1861—1925 年）：奥地利社会哲学家，人智学创始人。——译者注

年发展阶段为依据。在第一阶段（从 0—7 岁）是意志发展阶段，儿童成长的主要任务是健全和平衡身体，所以训诫和谈话对他们几乎没有作用，应该通过大人的行动来影响儿童。第二阶段（7—14 岁）为感觉阶段，在这一阶段应该通过形象的图像、想象和韵律进行教学，因为这些能够唤醒感觉，另外教师应该通过权威的作用，培养儿童的个性、性格和习惯。第三阶段（14—21 岁）是思考发展阶段，教师可以进行难度更高的教学，鼓励青少年形成自己的理解判断和抽象思考能力。但是，斯坦纳提醒教师不能过早地鼓励学生形成自己的看法、判断，因为只有人的内心具有较为丰富的素材时，才能进行判断。①

65

---

① 吉田武男：《シュタイナーの人間形成論—道徳教育の転換を求めて—》，学文社，2008 年，第 232—253 页。

第四章 当下日本道德教育状况详述

1. 学校道德教育标准

正如本书第二章的论述,《学习指导要领》作为日本学校道德教育的实行标准一直在不断变化着。自 1958 年(昭和三十三年)特设"道德时间"以来,道德教育的方针、目标、内容等等受所处时代背景的影响,都经历过多次修订与变革,不过从总体上看,《学习指导要领》并没有发生本质上的改变,它所包含的日本教育精神一直传承下来。

首先,关于道德教育的基本方针,2008 年(平成二十年)版初中《学习指导要领》第一章"总则"中作出了明确规定。具体内容如下:

> 学校道德教育以"道德时间"为主,通过学校所有的教育活动来推行。"道德时间"即以"道德时间"所进行的道德教育内容为核心,根据各学科、综合学习时间以及特别活动各自的基本特征来进行适当指导。

可以看出,2008 年(平成二十年)版初中《学习指导要领》中明确确立了以"道德时间"为主、其他学校教育活动为辅,互相补充的全面主义道德教育基本方针(即通过学校所有的教育活动来进行道德教育的形式)。

　　第一章"总则"中还对道德教育目标作出了具体规定，即"道德教育是以……道德性养成为目标的"，同时也指出如何推进道德教育等相关具体事项。

　　另外，《学习指导要领》第三章"道德"中又再一次强调：道德教育的目标是"通过学校所有的教育活动，养成道德式心情、判断力、实践欲望和态度等道德性"。紧接着对"道德时间"的目标也作出了明确规定："要与各学科、外语学习活动、综合学习时间以及特别活动中的道德教育紧密联系，通过有计划性、发展性的指导对'道德时间'进行补充、深化和统合，加深道德价值自觉性，养成道德实践力。"同样在这里也明确了以"道德时间"为主、其他学校教育活动为辅的全面主义道德教育基本方针，并且详细地阐明了道德教育的目标和"道德时间"的目标。

　　第三章"道德"，又将"道德时间"中应该教授的道德价值按照四个类别进行区分，细分为24个具体内容项目。同时还规定，应充实以道德教育为核心的教师成长体制，制定指导计划，强调不能根据分数来进行评价。

　　初中《学习指导要领·道德篇》对《学习指导要领》的内容进行了更详细的解释与说明，其中关于"道德时间"的基本方针如下：

　　① 理解"道德时间"的特质。

　　② 将信赖关系与和谐的人际关系作为基础。

　　③ 研究激发学生内心自觉性的指导方法。

　　④ 研究与学生发展阶段和个性相适应的指导方法。

　　⑤ "道德时间"的主要任务是加深道德价值的自觉性。

　　⑥ 充实以道德教育为核心的教师成长体制。

　　⑦ 深化对基本指导姿态的理解。

　　在此基础上，《学习指导要领》对学习指导方案① 的相关事宜又作了如下详细描述："为了实现主题所要求的目标，教师要充分考虑学生应该

---

① 学习指导方案：相当于中国的教案。——译者注

怎样学习，学习的内容是什么、按照什么样的顺序进行学习等问题，并加以概括总结，最后以完整的形式呈现出来。"具体来说，是对"学习指导方案"的形式和制定顺序等方面作出了规定。

《学习指导要领》中对"学习指导方案"的形式规定如下： 68

① 主题名。

原则上讲，要记述年度指导计划的主题名。

② 目标和资料。

记述年度指导计划的目标和资料名称。

③ 主题设定理由。

确认年度指导方案主题构成背景等事项的同时，还要对目标和指导内容的基本思考方法、学生实际情况、教师期望、资料特点及其所蕴含的意图等方面进行详细描述。

④ 区别指导。

在一个主题需要两个以上课时来进行指导的情况下，要明确每个课时所进行的指导在整个主题指导中占据什么样的地位，需要发挥什么样的作用，以及每个课时的具体指导目标。

⑤ 学习指导过程。

课程中的道德价值应以深化学生心理自觉性为目标，根据资料内容、学生实际状况等具体情况来明确教师应该发挥怎样的作用，还应明确每个课时内的具体指导目标。

⑥ 其他。

为了增强"道德时间"的指导效果，要注重事前指导、事后指导与各学科、体验活动、日常个别指导中道德教育的联系；校长或者年级主任要参与和协助其他教师；注重与家庭和地方社会的关联及舆论评价等。

另外，教师在对重点内容和需要多个课时才能完成的内容进行指导时，要注意每部分内容在整体中所处的地位，以及这部分内容自身所设定的目标和整体目标之间的联系。

当然，这样的导学案形式非常普遍，导学案没有固定的模式和标准。

因此，它鼓励每位教师提出方便实用且具有创意的学习指导方案，也许只有这样要求，教学效果才会更好。不过，实际上每个学校对学习指导计划的规定都有固定形式，而且这样的学校绝非少数，因此对于毕业以后将要进行教育实践的学生来说，这一点非常值得加以关注。

另外，《学习指导要领》中对于制定学习指导方案的顺序也有明确规定，虽然希望教师们能够提出更好的创意，比如与各学科紧密联系的学习，通过体验活动进行的学习，通过多课时进行学习，等等。但是，一般情况下学习指导方案是按照以下顺序进行制定的：

① 讨论目标。

② 明确指导要点。

③ 考察审核资料。

④ 预测学生的感觉方式、思考方式，主要思考问题。

⑤ 思考学习指导过程。

⑥ 制定板书计划。

⑦ 思考事前指导和事后指导。

按照上述指导顺序，加强与各学科、综合学习时间以及特别活动之间的关联、注重在指导内容等方面进行创新均具有十分重要的意义。

另外，在制定学习指导方案的时候，关于学习指导过程基本设定为"导入、开展、总结"三个阶段。关于指导方法，主要借由读物资料、对话、教师引导、视听器材、动作和角色扮演等载体来谋求更好的效果。

2. 学校道德教育现状

从上述 2008 年（平成二十年）《学习指导要领》和《学习指导要领解说·道德篇》的内容可以发现，现在所实行的学校道德教育与 1958 年（昭和三十三年）特设道德教育时代的道德教育方法基本一致。简而言之，"道德时间"是在全面主义道德教育理念的基础上，利用一些阅读资料来开展"心情把握型"(心情把握型)的"价值传达型"课程(価值伝達型授業)①。阅读资料的利用是"道德时间"与学校教育中其他科目区别最明显的地方。特别是对于那些与道德教育密切相关,被称为道德教育推进者或者专家的人来说,把他们对读物资料利用的偏执称为"怪异"可能有些过激,但是至少这不是正常现象。

不过,这种情况也是产生于特定的背景之下。日本和大多数欧洲国家不同,宗教教育与道德教育之间并没有什么关联。从明治时代到第二次世界大战期间,修身科教育在道德教育中一直发挥着重要作用。修身科教育要求学生把握阅读资料中出场人物的内心想法,以替代宗教教育中的逸闻趣事和教典。因此,无论是战前的修身科教育还是战后的"道德时间",取代逸闻趣事和教典的阅读资料必不可少。由此看来,将阅读资料引入"道德时间"的状况具有其必然性。但是,也有非常充分的理由判断其为非正常现象,这一点在"道德时间"的产生过程中就很容易推断出来。

正如第二章中所提及的那样,"道德时间"产生之初,关于教育现场中勤务评定、教育委员任命,以及《学习指导要领》的法律约束力等问题都没有给予明确规定。在这样的时代背景下,以组合和民间教育各团体为核心的一线教师们,针对政府对道德教育的强化,不仅用实际行动进行反抗,还在理论上进行了严厉的批判。特别是在这些人当中,还涌现出很多想要制定反对方案的研究者和教师。其中最具代表性的主张是"通过生活指导也能够进行道德教育"的观点。确实,该观点从理论上看是成立的,而且通过生活指导能够掌握基本的道德常识具有一定的说服力。但是对于不顾各种反对依然将特设"道德时间"坚持到底并按照预定计划实施的文部省来说,这种观点是绝对不能接受的。因此,文部省以及道德教育相关负责人不得不设法明确道德教育与生活指导的区别来证明"道德时间"的合理性。

---

① 心情把握型课程:通过对道德阅读资料中出现的人物的心理进行把握,体会他们的心情,进而引导孩子们的心理变化的课程形式。价值传达型课程:通过道德阅读资料中体现的道德价值进行讲授和传达,进而引导孩子们道德行为的课程形式。——译者注

伴随着"道德时间"一起登场的是能够唤起自我反省和体会心情的阅读资料。这些充分包含道德价值在内的资料，像宗教课中的逸闻趣事和教典那样，被作为道德教育的具体学习内容。为了提高学生对这些内容的认识而对这些材料进行有计划地编写，道德教育专门化的"道德时间"便必然会出现，所以只依靠生活指导发挥作用难以达成这样的目标，例如在社会科领域的课程中不可能分离出单独的时间专门进行道德教育。从这点来看，文部省虽然成功地提出了"道德时间"存在的意义，但由于不得不依赖阅读资料来进行道德教育，导致道德课被强制力推动而非自然进行。正因为如此，过分关注道德课上资料的选定和利用方法，就难免使道德课成为利用阅读资料进行"心理把握"的"价值传达式"课程，而且很难从中脱离出来。

实际上，纵观现在日本学校道德教育的整体情况，大多数道德课都是从利用阅读资料进行"心理把握"的"价值传达式"课程普遍推广开来。因此，换个角度来看，"道德时间"的授课方式与语文课极其相似。当然，对于这样的见解，那些自称为道德教育专家的人们立刻作出反驳，他们觉得"道德时间"的目的是为了加深道德价值内化的自觉性，从这点来看，"道德时间"与语文课程完全不同。但是，在资料内容的解读以及探寻资料中出现的人物心理状态变化等方面，虽然这些所谓的道德教育专家们也想努力反驳，却不得不承认"道德时间"与语文在这些问题上还是存在共同之处。不过，道德课与语文课相比具有强制灌输的倾向，具体来讲就是不允许从多角度进行解释，只能根据教师自己所设定的计划，单方面地对学生进行教授。正因为如此，对于学生来说道德课慢慢陷入了针对故事人物的"心理推测游戏"。特别是对于聪明的学生来说，这样的课堂很容易给他们留下枯燥乏味的印象。

72　　例如，在很多道德阅读资料中都连续登载了题为《魔术师》的课文，接下来我们以它为例进行说明。

对于大多数的教师来说，这个阅读资料是围绕着《学习指导要领》中规定的内容项目1—（4）"诚实守信、明朗、快乐地生活"来设定的，目的是使学生们对诚实和信守承诺等道德价值有充分的认识。课文中，魔术师为了信守与小男孩之间的承诺而放弃了去大剧场演出的重要机会，他的行为是对诚实守信道德价值的最有力说明。因此，教师在课堂上主要通过"魔术师只为小男孩一个人在表演魔术，他当时的心情如何"这样的设问，来引导学生揣测出魔术师信守承诺的心情。但是，我们不难看出，这样的阅读资料无论是在内容编排还是问题设定上，都刻意忽略了魔术师其实可以作出其他选择的事实。我认为，故事中出现的问题有很多更合理的解决办法。比如，魔术师可以委托自己的朋友去小男孩那里，将事情转告给他，或者带着他一起来大剧场看魔术师的表演，像这样既能够实现魔术师的愿望又能够信守诺言的解决办法还可以列举很多。总之，"道德时间"中使用的阅读资料都是将现实生活中产生的道德问题，按照课文内容安排来进行推理并得出结论，而不是结合生活实际经验从多角度对问题进行挖掘和探究。归根结底，日本道德教育界正在推行这种忽略与周围人和社会的联系，将问题限定在狭隘的个人场景之中，在内心经历各种苦恼、矛盾的纠结和摇摆之后，推理出某种道德价值的指导方法。（"忽略与周围人和社会的联系，将问题限定在狭隘的个人场景之中"判断的理由是：魔术师不是一个独立的个体，他与周围的人和事物都有密切联系。比如，在面对如何解决这个问题时，魔术师可以把与小男孩的约定告诉朋友并让朋友代替自己去找小男孩，将事情经过告诉小男孩，这样的做法也是符合常理的。这种能够灵活解决问题，使自己摆脱困境的能力正是我们现在要培养的灵活、有效的道德，也就是"解决问题的能力"。）另外，如果《魔术师》一课要通过分析人物心情来推导出道德的价值，那么课文中应该更多地设定"如果小男孩知道魔术师为了信守承诺而失去了他一生中千载难逢的机会，小男孩会有怎样的想法"这样的常规问题。事实上，这种符合常理的问题并没有出现在资料中，究其原因是教师在课堂上所提出的问题是为这节课本身的教学目标服务的，教师只是机械地按照资料的内容教授课程而已。

像这样的指导方式，能够为现实生活中的诚信教育作出什么贡献

73 呢？不得不说，上述资料中的"诚实"是为了一己私利而刻意生成的"诚实"。如果不从这样的指导方法中摆脱出来，无论是"道德时间"还是换了名称的道德科，都不能使道德教育产生什么明显的效果。特别是，同第二次世界大战前的修身科完全不同，为了不让人物个人生活方式的具体状况全部凸显出来，只能让学生探寻阅读资料中出场人物的心理活动，以及判断和体会这种心情中所体现的一些道德价值。这样的指导难免会陷入"心理猜测游戏"的境地并很难从中摆脱出来。因此，为了从根本上改善这种状况，通过对国外，特别是研究美国道德教育理论和政策来寻找解决办法的学者们渐渐涌现出来。

3. 国外道德教育论的传播

不满足于之前道德课现状的道德教育研究者和教师们，为改善道德课现状作出了各种各样的努力与尝试。在这些努力与尝试之中绝大多数是关于如何改善道德课的"三种神器"（《学习指导要领》中规定的道德教育目标；出版社制定的虚构道德资料，即在日本通常被称作"副读本"的"道德时间"读物；文部科学省调查官倡导的道德教育基本模式）的意见。同时在这样的风潮中也涌现出了像深泽久教师集团这样极力拒绝"三种神器"，希望根据自身实践经验创造出崭新道德课的教师集团。[①] 另外，也有很多日本研究者与这些集团不同，将改善的关键转向国外，传播欧美等国家的道德教育理论和手法。根据这些研究者的研究成果，可以发现从1990年左右开始被引入日本教育领域并被广泛推广的理论中，以从美国引进的两种理论最具代表性。具体来讲，一个是拉斯等人提出的"价值澄清"理论，另一个是科尔伯格的"两难推理、讨论"理论。

就像上一章分析的那样，"价值澄清"理论在20世纪70年代到80年

---

① 深澤久：《道德授業原理》，日本標準，2004年，第12頁。

代期间对美国道德教育产生了极大的影响。该理论从 20 世纪 90 年代开始
引入日本，并被大家广泛认可。至今该理论的方法不仅仅被活用于教育现
场，还在"心灵笔记"中频繁出现。 74

但是，作为"价值澄清"理论诞生地的美国，更侧重于在青少年的
学习过程中应用该理论，并将其视为特别有借鉴意义的思考方式。虽然美
国学界没有对该理论进行全面否定，但是从 20 世纪 80 年代开始它也遭到
了非常严厉的批判，之后已经脱离主流位置，而且目前处于无人问津的境
况。作为该理论推进者之一的哈明，在 1988 年就已经承认了它的负面影
响，即"我们一直强调价值中立主义，恐怕会因此导致传统道德的弱化"，
并反省道："如果回顾历史，采取更能够保持平衡的方法可能会更好。"但
在日本，无论是有意识还是无意识，这样的言论直到现在都没有被大家认
识和觉察，大多数研究者也对这个问题置之不管。在这样的背景下，虽然
20 世纪 90 年代美国已经对"价值澄清"理论进行了严厉的批判，但它在
日本却一直被广泛普及开来。

众所周知，"价值澄清"理论是在没有绝对价值的前提下提出的，它
主张尊重每个人的价值观。正因为如此，在该理论指导下的道德课不仅仅
要教授给学生价值观，还应在学生获得价值的内化过程中进行援助和支
持。这一目标在日本一直以来推行的道德课程中有所体现：单方面由教师
灌输道德价值的现象正在逐渐减少，教师开始接受和包容学生在课堂上的
各种价值观，鼓励学生的积极性，并对学生依据自我诉求去生活的想法予
以肯定。随着"价值澄清"理论的不断推广，以自我肯定为基础的自我实
现感得到提升。从这个意义上讲，"价值澄清"理论经常被活用于阅读资
料，在由"心理把握型"课程转化为"价值传达型"课程的过程中起到了
推动作用。

但是反过来看，教授对于学生来说很重要的价值，或者说进行与这
些价值相关的指导，本身就弱化了道德教育固有的训育机能。当然，提倡
这个理论的美国人拉思等并不希望学生选择某一固定的价值，因此对于只 75
善于学习表面形式的日本来说，在道德课上"不应该对道德价值进行灌

输"或者"保留结论"的风潮日渐盛行,具体是指教师在授课过程中不教授具体的道德价值,不给出固定答案,必须以开放性的形式结束课堂教学。这种模式在教学现场逐渐普及开来。而且,为了抓住个人内化过程的焦点,应当受尊重的道德式内容和这之外的内容(例如,爱好和心情之类的东西)就会被混淆在一起。如果引起了这种混淆,这个理论所期待的目标将不是健全的"自我实现",而是过分强调以自我为中心的自我膨胀。总之,"价值澄清"理论内在的价值相对主义,特别是对于个体内化绝对神化的绝大多数日本人来说,这种以自我为中心的缺点显露无遗。

因此,从负面影响来看,"价值澄清"理论作为道德教育固有的特征被不断弱化。同时,对于无宗教信仰的人来说,会导致他们自我膨胀,自以为是。

其次,"道德两难故事法"源起于美国的科尔伯格理论。科尔伯格从20世纪60年代开始,便被日本教育学界以及心理学界所熟知。他所提出的道德认知发展阶段理论也在20世纪70年代开始被广泛传播开来。在日本教育界,荒木纪幸(荒木紀幸)等人是专门对科尔伯格本人及其提出的理论进行研究和推广的代表人物。

荒木纪幸等多位学者,从20世纪80年代开始推进对科尔伯格道德教育论的研究,他们尝试将以科尔伯格道德认知发展理论为基础的"两难讨论故事法"应用于"道德时间"之中。这样的"道德时间"被称为"道德两难课程",也被称为"兵库教育大学式的道德两难课程"。

这种道德教育课程是将一份资料分成两节课来进行,即道德课的基本形式是一个主题两个课时。关于这种课程模式的基本描述如下:第一课时主要是被称为"止步阅读"的资料理解阶段。本阶段的主要任务是,学生将资料划分为几部分后仔细阅读和体会。在课堂的最后,学生要列举出自己进行第一次判断时的理由。

第二课时的开始部分,学生要开展讨论。在讨论之初,大家应互相交换意见,可对其他人的意见提出质疑和批判,在相互批判的基础上再次交换意见,互相磨合切磋,使每一个学生都逐渐明确第二次判断的理由。

76

不过，在第二课时的最后学生应没有确切结论。总之，课程的结尾是开放式的。

因此，在"道德两难课程"中，因为教材没有固定答案，所以即使"道德时间"每隔一周继续授课也不会受到太大影响。后来，正如"兵库教育大学式的道德两难课程"一样，一个主题仅用一课时的教学已经越来越普遍。

无论采用上述哪种方法，或者是其他更好的方法，"道德两难课程"都非常注重在学校里制造出自由发言的氛围，并利用包含道德价值的资料进行授课。

确实，在伴随着这种争论的"道德两难课程"中，我们能够看见学生积极参与课堂的身影，这也可以算是促进了道德认知的发展。由于没有成为在"副读本活用主义"① 中常常可以看到的"心理把握式"道德课模式，所以学生能够更加开心地感受到道德价值。这种课程形式也理所当然地在全国范围内推广开来。

但是，这个理论也存在着明显的弱点。即使是在美国，科尔伯格的道德教育论也遭到批判，他本人也发现了这个理论的效果并不明显，因此对"道德两难课程"进行过度评价并不恰当。但遗憾的是，注重形式化的日本，只是关注在这样的课堂中活跃的讨论场面而忽视了其所带来的消极影响。因此，不仅仅是高中、初中，就连小学也在毫无批判地推广和利用科尔伯格的"两难争论"，对于那些没有完全具备思考能力的小学生来说，这样的方法是否适合值得探究。为了适应这样的现状，同"价值澄清"理论一样，包括这个理论在内的其他理论都从批判灌输的立场出发，掀起了"道德课没有答案，课程必须以开放式的形式结束"的风潮，进而导致"最新的道德课教师完全不告诉答案"这种现象在学校课堂中逐渐普及开来，教师的指导作用也就随之被不断弱化。

---

① 副读本活用主义：主张使用副读本（日本普遍使用的道德读物资料）来进行道德课的主张。——译者注

4. 心理主义道德教育的兴起

如前所述,"道德两难课程"与"价值澄清"理论相比,虽然通过学生之间的互相讨论使只谋求加强个体道德内化的倾向逐渐弱化,但是,这两种理论在实践过程中都避免注入道德价值的内容,最后的结果也都是让课程以开放式的形式结束。这样不仅使道德教育本身的训育机能弱化,还直接导致其陷入了日本在战争前后一直推行的"爬行经验主义"之中。实际上,从思想基础来看,两种理论都深受杜威教育思想的影响。如果从这点出发进行分析,重蹈"爬行经验主义"覆辙是必然结果。特别是经验主义一直以实际生活以外的操作和活动为中心,与此相比,这两个理论原本受到了来自心理学家思想的影响,即通过稍微脱离现实的话题(虚构的)来促进内在自觉性的萌发,无论怎样也摆脱不了"被心灵主义化的道德教育",即心理主义道德教育的思维方式。

"心理主义"一词本来的含义为"能够将价值和真理等抽象的概念作为个人心理来进行把握的学术用语",与其称之为特定的思想倒不如说它是一种方法论。日本经济高速增长以后,为了使国民能够构建丰富的内心,心理主义风潮开始出现并逐渐被推广和普及。从教育界来看,临时教育审议会(1984—1987年)出台了"重视个性"的原则,之后中央教育审议会在该原则基础上继续扩展,即在"宽松教育"中,把重视"个性"改为重视个人的"内心"。不久之后,随着以"内心缺失危机"和"心灵教育"为代表的"心理阴暗"和"心灵之伤"等等与"内心"相关的词汇频繁登场,心理主义化风潮深深渗透在学校教育之中。在这种情况下,教育界为了将由心理学家提出的"价值澄清"理论和"道德两难课程"从国外导入日本,便将上述两种理论与"心灵教育"结合起来,在全日本进行推广。在"重视个性"、"宽松教育"、"心灵教育"的改革大潮中,文部省于2002年(平成十四年)制定推出了道德资料——"心灵笔记",并向全日本中小学校免费发放。

被称为道德资料的"心灵笔记"并不是传统意义上的道德课教科书，之所以这样说是因为它在制定过程中没有经过严格的检测和评定，这种免费发放的教科书在法律意义上并不被认可。所以，如本书前面提到的那样，"心灵笔记"本身也遭到了来自各方的批判，比如"这难道不是教科书吗"，另外还有人将"心灵笔记"称为"修心书"。教育学家柴田义松（东京大学名誉教授）也曾提出质疑，关于"心灵笔记"的基本特征，他指出："虽然非常流行，但是它就是执笔者以匿名的形式由国家发行的教科书"，并在此基础上得出了一个结论，即"'心灵笔记'的预期作用与过去国家发行教科书的预期作用一样"。[①] 但是，文部省完全无视这样的批判，将这个小册子作为青少年"一生的宝藏式心灵礼物"，或作为将人们联系起来的"心灵之桥"，每年都要花费大量的文教预算免费发放，并且希望拓宽它的使用范围，而不仅仅只局限于"道德时间"。

对于"心灵笔记"的制定和相关教育政策的评价和意义问题，并不是本书所要讨论的范围，所以暂且放在一边。本书将重点从道德教育的视点出发，对"心灵笔记"的内容和它本身的特征进行详细分析和检讨。

当然，对"心灵笔记"教育政策的评价和意义提出质疑的批判者们，也对它的内容进行了批判。例如，第二次世界大战前使用的国定教科书中有一幅题为《从山峰涌现出的云》的插画，展现了神话故事中的天国和高山。在"心灵笔记"中也频繁使用类似蓝天、白云的插图或者照片，虽然有"要重视历史传统"这样的文字描述，但没有出现"不要发动战争"或者"反战"这样的字眼，只是插入了"令人感动式的"格言或者名言警句，就像广告的口号一样，或者是引用一些具有权威性的名人事迹。针对上述现象，有基于多种立场和观点的批判。虽然关于这些立场和观点正确与否至关重要，但由于本书篇幅有限，在这里就不一一赘述。既然没有被命名为"道德笔记"，那么从"心灵笔记"这个名字来看，其具有很明显

79

---

① 柴田義松：《現代の教育危機と総合人間学》，学文社，2010 年，第 32 页。

的特征，即不断具象化教材中的心理主义内容，再对这些内容进行详细的分析说明。

纵观"心灵笔记"的全部内容可以发现，心理主义思想和方法的使用贯穿始终。比如，"我作为第一人称比我们使用得多"这件事情再次被强调。总之，将问题还原于个人，特别是还原于个人内心的思想，在"心灵笔记"中已经充分体现出来。比如说，在"心灵笔记"的导入部分，小学低年级的内容是"告诉我你的事"，中年级是"自己去打听吧"，高年级是"这就是现在的我"，初中的内容是"我的自画像"。就像这些内容所展示的那样，青少年的内心视角在"心灵笔记"中被大量使用。当然，"心灵笔记"的构成与《学习指导要领》规定的内容项目完全吻合，如果从四个分类中的第一个"与自身有关的事情"角度来分析的话，从青少年的内省开始推进便理所当然。

80

但是，从其他分类来看也可以发现这种倾向，这才是真正的问题所在。例如，小学高年级的"心灵笔记"中"与他人有关的事情"相匹配的内容项目名称为"和这件事比起来，要先从互相了解开始"，共4页。其中前两页内容是相田密的诗《一直幸福》，就像这首诗最后那句"这样的我一直是"所描绘的那样，是强调"我"。接下来后面两页题为"宽广的内心"，虽然也记载了各种各样的内心独白，但是从其中包含的多处强调"我"的内容来分析的话，会出现以下几种情况："我自己所认识的自己"，"绝不允许对方做错事情的自己"，"很想了解自己事情的自己"，"我周围有很多的人，但没有一个是真心的朋友"，"磨炼自己的内心，慢慢长大"，"很难接受与自己看法相左的想法或者观点"，"这个时候，要好好反省自己"，"从与自己看法不同的人那里学到该学习的东西"，"我的看法"，"对自己的看法有什么影响"，等等。如果继续列举的话，可能还有"对于你现在所关心的事情，要多听取其他人的意见，这样你的内心才会变得丰富和强大"，"你会关注什么样的事情呢"，"站在对方的角度来看的话，会发现不同的风景"中所提到的"对方"，与通过使用"心灵笔记"的"我"相对。

过分地执着于这样的"我",会使学生将注意力转向自己封闭的内心世界,而不去关注周围的人和现实生活。因此,这样反倒容易使学生陷入孤独之中,而且会导致不成熟的自我认识和自我膨胀,只是促进了"以自我为中心"趋势的发展。《论语》中有"德不孤,必有邻"(意思是道德品行良好的人是不会孤单的,他一定会有朋友)的说法,可以说,《论语》中所支持和鼓励的是与"心灵笔记"所强调的完全相反的生存方式。这样的问题在"心灵笔记"中可以窥见。

但是,这样的心理主义化趋势,不仅仅是对每一个人的本性发展存在不良影响,还会暗藏在与个人及社会息息相关的生活问题之中。

比如,以小学高年级的内容为例,同"与集体和社会相关联的事情"中公正、公平的项目相对应的内容中,针对"为什么会产生误会"这样的题目,书中有这样的文字描述:"无意中伤害了别人的心,不知不觉中偏向于其中某一方,难道你没有做过这样的事情吗?""所有的人都应该是平等的,不允许偏袒任何一方。具有这样思考方式的人,本身一定非常软弱。"总之,这里将"与集体和社会有关的事"等现实问题的原因也还原为个人(我)的心理问题。特别是后面提到的关于社会差别问题的原因,如果从个人(我)的内心问题出发进行探寻,就不单纯是专注于自己内心世界倾向的问题,而是对青少年的误导。为什么这样说呢?因为造成这种社会差别的原因不仅仅是个人(我)的内心问题,还涉及在历史、文化、社会的发展过程中产生的现实问题。关于这一点,"同和对策审议会报告"(1965 年)中对实际情况差别和心理差别之间的不同曾有清晰的描述。但是,按照"同和对策审议会报告"中的伦理要求(标准),"心灵笔记"对于在日本社会历史发展过程中同和地区居民的实际生活情况所表现出的实际差别(总之,就业和教育机会均等实际上没有保障,参与政治的权利或者选举会受到阻碍,各种一般化行政政策并不适用于其设定对象以外的人)依然缺乏认识,对于有歧视心理的人们,在他们固有的"那些人本身内心很脆弱"的认识基础上,对他们只是进行类似于"不要从心里开始歧视","对受到歧视的人要和蔼、亲切"等知识和心理层面的教育。那么,

81

82 也就没有培养他们对现实社会问题的感知、思考，以及养成建立在这些基础上能够采取实际行动的道德性。不仅如此，由于没有合理的、批判的思考，甚至可能导致错误的认识。

进一步来看，心理主义倾向不仅仅是社会问题，对日常生活中人们的道德观念也会产生巨大的阴影。比如，小学中年级的"心灵笔记"中设置了题为"将错误视为一生的财富"一课（参照图1）①。这一课的德目主要是关于"与自身有关的事"，课文中用插图的形式讲述了这样的故事：一个名叫小原的男孩在踢足球时不小心打破了隔壁老爷爷家的花盆，之后，小原去向老爷爷道歉。在最后一幅关于道歉的插图上面罗列着一些能够促进自省的话语，比如，"错误是一笔财富，它能够使我们从现在开始变得更好"，"接下来，认真思考已经道歉的小原的心理，以后不会再像今天这样鲁莽了，可能是大家所想的吧"，等等。另外，课文中还针对"你曾经做过哪些错误的事？"这样的问题设置了空白栏让学生们填写答案，紧接着又进一步提出问题"在这件事上你觉得自己哪里做的不好？"，并针对这个问题给出了五个固定选项让学生选择。可以看出，这篇课文的主要目的是通过讲述小原的故事使学生回忆起自己曾经犯下的错误，并进行反思，这里活用了"价值明确化"理论，同时又将其与学生的自主选择结合在一起。总之，日常生活中的"道歉"问题，完全以心理主义化的形式被转化为道德教材的内容。

上述课文中所设定的问题完全是从心理主义中衍生出来的问题，导入这些问题的目的是将这种日常生活的场面概括为心理问题，也就是将"与自身有关的问题"限制在一定范围之内。把这种自身问题归结为个人内心问题之后，就会出现像"将错误视为人生财富"这种教导。但是，这样的转化并不正确，甚至可以说扭曲了人们正常的道德逻辑。

总之，如果在日常生活中发生了破坏他人东西或者给别人造成困扰的事情时，首先必须要做的是端正态度，立刻向别人道歉，而不应该去考

---

① 文部科学省：《心のノート》，廣济堂，2002 年，第 18—19 页。

虑道歉之外的行动，或者是做"为了自己要将错误视为财富"这样的思想准备。课文中的男孩小原，如果在损害了他人利益，给别人带来麻烦的时候还在考虑要将所犯错误作为人生"财富"的话，他的这种行为不仅不符合日常的道德，还会让他自以为是。的确，由于偏重内心教育，"心灵笔记"中存在很多设想通过"巧妙地利用道德资料培养青少年的利己主义"思想的内容，可以发现，这是多么愚蠢的做法。

如果把"心灵笔记"与类似的教材进行比较，材料选择的妥当与否更是一目了然。以"将错误视为财富"一课为例，在第二次世界大战前第3期国定教科书中就可以找到与这一课场面相似的材料。课文的题目为"不要隐藏错误"，课文插图的主要内容是少年不小心用球把别人家的拉门弄坏后，向那家主人道歉的场景。在插图下面记载了这样一段文字"寅吉投球之后，将邻居家的拉门弄坏了，寅吉马上跑到邻居家去道歉"（参考图2）[①]。总之，战前国定修身科教科书中明确告诉学生，在发生这种事情的时候，不要隐藏"错误"，而是要主动向对方承认错误，这样做才符合日常生活中的道德规范常识。与能够对学生进行正确指导的战前道德课教材相比，我们便不难发现，矫枉过正的心理主义化道德教育内容的确存在很多弊端。

文部科学省是否察觉到"心灵笔记"存在的问题，我们不得而知。2006年（平成十八年）补充修订版的"心灵笔记"，将原来少年踢球时一不小心打坏老爷爷的花盆后向老爷爷道歉的插图换成了毫无差别的其他插图（参照图3）[②]，其他插图和文字没有任何变化。从这一点来看，虽然教材编写者们在课文中更换了插图，但是他们对于根本性问题却丝毫没有察觉，也没有进行任何改善。相反，只是针对插图的批判而进行改变的教材编写者们，可能也想追随将错误视为"财富"的心理主义式道德价值，他们的主张践踏了战前修身科教科书中"不要隐藏错误，要主动道歉"的道

[①] 文部科学省：《寻常小学校修身书儿童用卷》，大阪书籍，1918年，第11页。

[②] 文部科学省：《心のノート—小学校3·4学—（平成18年度補訂版）》，廣济堂出版，2006年，第18—19页。

德价值，更忽视了符合现实生活中道德要求的谦逊自省。

　　滕部真长（时任文部省调查官）作为1958年（昭和三十三年）提供"道德时间"特设理论支柱的关键人物，曾对这种过分依赖心理主义的问题进行过批判。他从批判新教育（经验主义的教育）问题的角度指出，"战后新教育的实质是让人在心理主义的思维方式中寻找答案"，进而提出要避免陷入心理主义危机。[①] 另外，滕部真长认为，克服心理主义也是"道德时间"的最主要目的之一。我们不难发现，从50年前或者更早开始，过分依赖于心理主义的问题便一直存在。然而，负责道德教育的文部省调查官不仅没有发现道德教育心理主义化的危险性，还闭口不谈为重建战后道德教育作出卓越贡献的滕部真长的主张。他们制定发行了过度关注个人心理活动的"心灵笔记"并向中小学免费发放。当然，我们不否认"心灵笔记"的内容与一直以来发行的语文课阅读资料不同，它对道德教育的发展起到了一定的积极作用。但是，为了能够摆脱心理主义式道德教育的束缚，对特定课程——"道德时间"中使用的主要资料的内容，应该从道德教育的本质出发进行分析，所以我认为，对"心灵笔记"进行探讨的时代很快就会到来。从这个意义上看，"心灵笔记"具有日本"被心理主义化的道德教育"的基本特征，这也正是它所存在的问题。因此，要尽早、尽快对现行"心灵笔记"中过度依赖于心理主义的内容进行全面修订。[②] 目前，不仅是"价值澄清"理论和"道德两难课程"，连道德课中对交友小组以及技术、训练活用等心理主义色彩浓厚的实践活动也被视作"金科玉律"在日本广泛传播和推广。在这样的教育环境下，我认为只有将最具心理主义道德教育特征的"心灵笔记"进行全面修订，日本道德教育才能够尽快摆脱心理主义的束缚，构建符合日本社会现状的新世纪道德教育也将指日可待。

---

① 滕部真长：《道德教育—その思想的规定》，大日本出版，1959年，第21页。
② 2013年12月26日，日本文部科学省将《心灵笔记》全面改版，更名为《我们的道德》。——译者注

第五章　未来日本道德教育展望

1. 道德教育重建的启示

（1）以社会科为中心的道德教育

同滕部真长一样，推动"道德时间"特设的道德教育研究者以及相关人员，以道德教育的视角来审视第二次世界大战后的新教育时，他们仍然将以社会科为中心的道德教育戏称为"爬行的经验主义"，并照旧对其进行批判。确实，以社会科为中心的道德教育，无论在对道德价值或人类生存方式的指导方面，还是在社会认识层面，都存在明显不足。事实上，1950 年（昭和二十五年）第二次美国使节团报告书也曾指出："认为道德教育是从社会科中产生的看法毫无意义。"不过，对这样的道德教育进行批判时，也不该完全否定以社会科为中心的道德教育。其原因在于，日本道德教育界虽然毫无批判地全盘接受了心理主义式道德教育，给日本道德教育带来了负面影响，但极具讽刺意义的是，日本也从当下已然成型的道德教育模式中受到了启发且积累了一定的经验。

众所周知，以社会科为中心的道德教育是完全否定战前以修身科为中心的德目主义道德教育后的产物。第二次世界大战前，道德教育严重脱离人们的实际生活。比如，教师在向学生讲授"孝"这个德目时，通常以古代的传说或者故事为例，引导学生们尊崇孝道，这样的教育形式只注重培养学生们的个人内心情感，而忽视了德目内容与实际现实生活的联系。

89

结果导致道德教育的内容普遍被概念化、抽象化，非常欠缺正确处理现实社会生活中父母和孩子间关系的具体指导。正因为如此，战后日本便开始谋求与现实社会生活联系密切的道德教育。新道德教育应与单纯教授德目内容的道德教育模式不同，需要更加重视培养学生将道德教育内容运用于实际生活的能力。因此，文部省将修身科、公民科、地理、历史等学科的内容进行融合，创设了以形成合理社会认识为目的的学科——社会科，并使其在道德教育中占据核心地位。1947年（昭和二十二年）《学习指导要领社会科篇Ⅰ（试行）》中对社会科的目标作出了规定："引导学生像社会人那样有礼貌地行动"，"培养学生们具备正义、公正、宽容、友爱的精神，使他们对促进共同福祉的关心和能力有所增长"等等，根据这些内容我们不难发现，道德教育目标的内容都包含在社会科目标之中。

然而，迫于重视教授德目的保守派的质疑和社会科解体论的双重压力，加之受到美国对日政策的转变以及日本国内实际政治状况的影响，1958年（昭和三十三年）文部省宣布继续坚持全面主义道德教育的基本方针，同时加快了特设"道德时间"的进程。正是从这时起，日本社会一直以来推行的以社会科为中心的道德教育形式开始弱化，逐渐被以"道德时间"为中心，通过学校全面开展教育活动来实行道德教育的基本方针所取代。时至今日，日本仍然坚持贯彻该方针。从这一点我们不难看出，以社会科为中心的道德教育形式实际上并没有得到充分肯定。然而，正如前面反复指出的那样，现如今日本道德教育带有浓重的心理主义色彩，与社会联系并不密切，且在培养青少年道德性方面没有取得显著效果。面对这样的实际情况，我们在分析其产生原因时，重新审度和反思已被否定的以社会科为中心的道德教育能够发现一定的借鉴意义。作出这样判断的理由是，当今社会在国际化、全球化背景下，所要谋求的不是让青少年养成以抽象化概念为基础的道德品性，而是养成以不断变化的现实社会为基础的道德品性，也可以说是养成为构筑"可持续性发展社会"而发挥作用的道德品性。

如前文所提及的那样，滕部真长从习惯化、内面化、社会化三个方面对道德教育的过程进行了阐述。所谓习惯化是指掌握基本的社会生活行动方式，一般称之为"教养"。所谓内面化，从心理学来讲是指"有动机"，从伦理学角度来讲是指"灵魂觉醒"，指将一定的道德品质内化到精神或心理层面的过程。所谓社会化是指"实践化"，即集体的行动化或者组织化。根据滕部真长的观点，习惯养成是指从他律转化为自律的过程，能够开始自发地行动，就进入了精神化阶段。青少年在经历了这样的精神化阶段之后，虽然懂得了自己应该成为什么样的人，但也只是停留于此。换言之，这种方法只是让青少年明白了应然的结果，却没有说明怎样做才能达到那样的结果。特别是从日本国民普遍习惯于委婉拒绝、畏首畏尾、多一事不如少一事的消极主义态度来看，为了使道德教育能够融入人们的社会实践，前面提到的社会化阶段就十分必要。鉴于此，日本的学校通过组织学生参与社会化活动，使学生懂得作为社会的一员，自己的一举一动、一言一行都必须符合社会和集体的要求，即必须学习承担自己在各种组织和团队中的责任。从滕部真长的主张来看，他不只是单纯强调内面化，而是将内面化与社会认知、社会实践紧密联系在一起。总之，从上述内容可以看出，滕部真长主张批判新教育，支持特设"道德时间"，他认为与社会生活或实践毫无关联的道德教育不可能成立。

因此，一般来讲，只依靠心理主义式的内面化不能让人继续发展和进步。对于日本青少年而言，他们并不了解作为精神支柱的神和佛，这样的内面化只能助长他们自身的傲慢。从这个意义上讲，在目前日本的社会生活中，内面化必须与社会中现实的、具体的经验紧密联系起来。而以社会科为中心的道德教育，能够使青少年认识到社会的重要性，如果能将这一部分内容活用，对道德教育来说将大有裨益。

(2)"报纸参与式"（Newspaper in Education，简称 NIE）的道德教育

虽然"方法不是万能的"，但是为了防止道德教育中过度的心理主义化倾向，在强调社会重要性方面，NIE 道德教育方法依然是解决该问题最具代表性的方法之一。NIE 是"Newspaper in Education"的首字母缩写，

91

是指通过活用报纸来开展教育活动的方法。尽管这种方法在学校这样的教育环境中已经不是新鲜事物，但是在如今高度信息化的社会中，人们极易沉迷于虚拟世界，顺应心理主义指导方法的道德教育已经与社会实际情况严重脱离，正逐渐向虚拟世界倾斜，我们在思考如何改变这种现状时，必须重新审视 NIE，对其进行评价并加以应用。

在作为心理主义手法之一的"道德两难"课程中，经常使用报纸上的文章作为课程资料来进行教学，这种现象非常普遍。具体使用方法是，教师选取两个包含相互对立价值观的文章作为资料，让学生自己思考支持哪一种价值观，然后与大家交换意见，在听取和参考其他同学们的意见之后，确立自己的价值观。

在"道德时间"课堂中，报纸上的文章作为课堂资料的副读本再合适不过。因为报纸上的文章包罗万象，能够体现社会生活的方方面面，其中包含着人们在社会生活中广泛的、主流的道德价值观。同时，因为要确保道德教育与日常社会生活的实际情况紧密联系，所以学生必须通过各种形式的"活教材"来进行道德学习。尽管有人会提出"一般报纸上所登载文章的内容对于小学生来说很难理解"等疑问，选择报纸作为阅读资料进行道德教育的方式也是可取的，因为我们在挑选资料时可以尽量选择适合小学生阅读的文章，或者可以尝试出版小学生专用报纸。正因为报纸上登载的文章不是专门为"道德时间"而编写的资料，所以完全没有副读本那种空泛乏味的感觉，它不仅能够提高学生所学文化知识的实用性，并且作为与现实社会生活紧密相连的"活教材"，还能以非常自然的形式向学生传递很多实用的道德价值。

再者，报纸上的文章不仅能在"道德时间"中进行直接性道德教育，在"道德时间"之外的领域，即在其他学科和综合学习时间中也能够促进间接性道德教育。因为报纸上的文章包含着与现实社会生活紧密联系的各种道德价值，所以这些文章会开拓学生的视野，使他们更加了解社会，了解道德价值在社会生活中的应用和体现。尤其是在综合学习时间中，通过搜集相同类别的新闻资料，举行发表会等 NIE 活动形式，创造了非常有益的道德实践场所。进一步讲，如果通过这些学习活动，能够带动学生积极地向报纸的读者栏写信或者是将自己的活动记录下来，进行整理后投稿，那么这些积极效果将超出学校学习活动的范畴，是体会实际社会生活经验和感受的难得机会。除此之外，学生通过学习报纸上刊登的文章及其所包含的社会生活和生存知识，能够更容易找到与家人沟通的共同话题，而不仅局限于学校见闻。就这些话题与家人交换意见和看法，进而增强家人之间的感情。所以，报纸上的文章为加强道德教育中学校、家庭和社会之间的联动作用作出了巨大贡献。

综上所述，NIE 方法是有效的道德教育方法之一。不过，我们不能只凭借这一点就将它视为同心理主义方法一样的万能药，更不该盲目地全盘接受甚至夸大它的作用。

可以毫不夸张地说，NIE 方法不仅与现实情况紧密相连，还能提高教师的素质、能力，最大限度发挥教师的指导作用，从这一点来看，它是行之有效的道德教育方法。在心理主义方法指导下，教师只是既定教学计划的用户或者说是需求者，他们只能停留在执行层面。与此相比，通过NIE 教育方法，教师首先要学习知识，然后超越现有知识框架去不断创新，实现从"拥有教材"到"创造教材"的转变。也就是说通过 NIE 方法可以使教师拥有更广阔的自由空间，促进教师在好奇心的驱使下进行创新并开发出自己喜欢的教材。如果教师能将此当作一件乐此不疲的事情来做，那么学生也会觉得学习是一件快乐而有趣的事情，这两者之间的关系相辅相成，密不可分。最后，教师通过不断积极努力，在教授学生知识的同时可以实现自我成长。同时，学生也能在老师的影响下健康快乐地成长，对未来无限憧憬和向往，这是 NIE 的方法最终要达成的目标。它的研究和实践对于教师力量的形成来说已经是一支催化剂，特别是对于"道德时间"以及一直执着于创造专门的道德资料却没有取得任何显著效果的道德教育界来说，能够起到从根本上改变这种现状的强效催化作用。

93

（3）同和教育①、人权教育中的道德教育

同和教育实践活动是以西日本为中心向全国逐渐推广开来的。在"道德时间"中，使用与同和教育相关联教材的情况屡见不鲜。比如，奈良县的《小伙伴》和大阪府的《人类》就是其中最具代表性的同和教育教材。

同和教育是指针对现实生活中存在的歧视和人权问题，通过与学习、生活相结合的"交朋友"活动，使学生具备克服社会歧视的能力。因此，学校进行同和教育的总体原则是谋求创建"重点关怀劣等生"的班集体。最近，学校里有这样一种倾向，就是老师把那些需要花工夫进行指导和照顾的学生，随便冠以某些精神疾病或者普通疾病的名称，并以此为借口排挤他们。与这种现象相比，同和教育则重视将包含"劣等生"在内的班集体创建为共生共同体般的集体。通过这样的实践活动，不仅能够创造道德教育界常常提及的"道德氛围"，还能在学校生活中创造日常的道德实践场所。

但是，不只是西日本，在全国范围内同和教育都被归类为符合目前国际主流趋势的人权教育。同和教育与日本独有的地域性和集团文化密切相连的特点极为明显，而人权教育则具有强烈的个人主义倾向，从这一点来看，将同和教育归类为人权教育并不恰当。另外，人权教育力图抑制"丰富内心的养成"，而同和教育则努力尝试克服社会歧视。因此，两者存在本质区别。从同和教育的视角出发来审视这样的人权教育，我们不难发现人权教育是顺应"融合主义"的"融合教育"。因此，尽管同和教育与人权教育存在很多共同之处，但是要充分认识它们之间的差异，并在对这些差异认识的基础上将人权教育在全国或者全世界普及开来。

众所周知，为了保障全世界人民的人权，联合国提出必须推行人权教育，并发布了《联合国人权教育十年》（1995—2004 年）。另外，联合

---

① 同和教育：以解放被歧视部落为目的的教育，指为培养不允许任何歧视存在的国民而进行的一切教育活动。——译者注

国为了彻底推行全世界范围内的人权教育，讨论颁布了《世界人权教育计 94
划》，宣布从 2005 年起开始实施。2005 年 7 月，联合国通过了《行动计
划改订方案》（日本是共同提案国之一），其中规定了该计划的具体实施方
案和内容。

在大范围推广人权教育的国际背景下，日本也同样在为推进人权教
育而努力。例如，2002 年内阁会议决定制定"人权教育启发基本计划"。
紧接着，文部省又于 2003 年成立了"关于人权教育指导方法等调查研究
会"（会长：筑波大学名誉教授福田弘），随后，该研究会公开发表了多次
中期总结。①

根据该研究会的"第三次会议总结"，人权教育是为了养成"实现与
拥护自己与他人的人权而必须具备的素质和能力，并以发展这些素质和能
力为目标的综合教育"，它的最终目标是为了实现"维护自己的人权，保
护他人人权而采取实际行动"。这样的实际行动，对养成"维护自己的人
权，保护他人人权的意识、动力和态度"十分必要。另外，通过与深化
"人权相关知识的理解"和养成"人权意识"互相补充、综合发展的过程，
也能使青少年自觉养成这种意识、动力和态度。另外，在推动和促进"人
权意识"时，既要肯定尊重自己以及他人人权"妥当性"，还要认识到如
果不这样做就会被侵害的"问题性"，那么人权遭受侵害的问题便迎刃而
解，即人权意识就会开始生根发芽。总之，将感性的人权志向与理性的专
业知识结合起来，养成要改变问题状况的人权意识或者意愿、态度，与能
够既维护自身人权又保护他人人权的内容联系在了一起。

与人权相关的价值、态度和技能，其养成不能单纯依靠语言说明的
教育方式，尤其是在学生们根据自己的经验开始进行学习的初级阶段。正
确方法是，学生们作为学习活动的主体，要积极主动与其他学生一起参加
学习活动，进行共同合作并体验学习方法。正因为如此，能激发自己"感

---

① 福田弘：《今後の学校における人権教育の在り方について》，《人権教育関連図書解
　题——筑波大学道德教育研究特别号》，筑波大学道德教育研究会，2008 年，第 1—
　9 页。

觉、思考、行动"这样主体性、实践性的学习场所非常必要。因此，人权教育的基本指导方法，要重视以学生的"合作"、"参加"、"体验"为核心，即追求"参加体验型"的学习方式。

当然，这种体验型学习方式现在也被广泛应用和实践，这些实践活动中的"体验"本身并不是目的，而是各个阶段必须反复学习的核心内容。因此，每一个学习者通过各自不同的体验和感受，在经历与其他学习者协同合作的"协商"、"反省"、"思考与现实生活的关联"三个阶段后，使各自的"适合于自我的行动与态度"得到发展十分重要。

不过，福田弘还指出，决定人权教育成功与否并不仅仅取决于在教育内容和指导方法上努力与否，学校、年级等学习场所的情况和氛围也具有决定性作用，这一观点适用于所有的教育活动，所以同和教育也不例外。因此，人权教育应该在学校、班级、家庭、社区、社会这些能够实现人权的具体实践场所进行，这样的转变非常重要。另外，"隐性课程"在人权教育中也发挥了非常重要的作用。尤其是在养成青少年人权意识方面与体系完备的正规教育课程一样，因此一定要考虑在"隐性课程"中推广人权教育。

上述人权教育理论和实践，包含着对重建日本道德教育的有益启示。概括来说，主要有以下三点。

第一，人权教育的出发点是保障人"不容侵犯的永久性权利"，即尊重基本人权，秉承"尊重人的精神"。目前日本道德教育界一直倡导"充实的道德教育"，在该方针的指引下虽然产生了多种多样的要求，但最终并没有认真对待其最核心的内容。众所周知，虽然《学习指导要领》"总则"中有这样的规定，即"道德教育是以教育基本法以及学校教育法所规定的教育基本精神为根本，尊重人的精神和……"，但最后的状况却是，大家只关注新词汇的使用和推广，而完全忽略了"尊重人的精神"这样最根本的词语的含义。针对这种情况，人权教育能够使我们去反思道德教育的初衷，这就是它对道德教育最有益的启发。不过，"尊重人"这个词汇本身的含义与对人或者利己的个人尊重不无关系。

第二，人权教育非常重视养成"人权意识"中的"意识"。进一步说，价值志向式的"意识"旨在与一定的知识相结合，形成努力改变问题状况的主动意识，这是道德教育迄今为止从未有过的现象。道德教育就像一直以来约定俗成的那样，它谋求的道德性内容分别包括"心情"、"判断力"、"实践意欲和态度"，从精神化的心理学角度来看，仍然继续将"动机"置于重要的位置。为了改善这种道德教育停滞状况，对人权教育的构想值得参考。

第三，人权教育应该通过综合式教育、参加体验活动以及"隐性课程"来推行。当然，道德教育也同样。正如《学习指导要领》"总则"中所记述的那样，"学校道德教育是以'道德时间'为主，通过学校全部教育活动来进行"，在实际的学校教育中，道德教育却常与属于正规教育课程的"道德时间"混为一谈。总之，"充实道德教育"就变成了与"充实'道德时间'"一样的含义。特别是通过新版《学习指导要领》中"以……为主"这一提法，更强烈地反映了这个倾向。因此，与人类根本息息相关的道德教育也同人权教育一样，"综合"、"参加"、"隐性课程"等出发点都不容忽视。从这个意义上讲，人权教育的实践给道德教育日趋狭窄的发展倾向敲响了一记警钟。

今后将更期待以人权教育作为道德教育中心的研究和实践。毋庸置疑的是，只尊重自己人权的人权教育与不成熟的自我膨胀和自以为是的心理主义一样，必须给予否定。

（4）市民（citizenship）教育中的道德教育

20 世纪 90 年代以后，全球化的迅速发展导致包括环境问题在内的全球性问题日益严峻。伴随着社会多样化，人们的共同体意识和公共规范意识逐渐弱化，一直以来提倡的培养"国民"和培养"公民"转变为培养市民，这种提法在全世界范围内迅速推广和传播。由于国家和地区或者相关组织的特征不同，所谓的市民教育也各具差异，因此在这种差异基础上的市民教育内容也不相同。比如，英国从 2002 年开始将市民教育作为必修课程从中等教育阶段（七年级）开始实施。德国的市民教育被作为"民主

97

主义的学习"内容，在主要以政治教育为主的社会科各科目中进行。日本经济产业省在 2005 年（平成十七年）成立了"市民教育与经济社会活动研究会"，紧接着 2006 年（平成十八年）4 月发表《市民教育宣言》，从此市民教育已经发展成为日本新自由主义经济的重要分支。正因为如此，社会要求人们养成"对自己负责"的态度，从而形成在激烈的社会竞争中生存下去所必须具备的素质。因此，"市民教育"这个词无法统一定义，本章将取"市民性养成的教育"这一笼统的含义来进行分析说明。

在日本，市民教育的先驱当属御茶水女子大学附属小学设置的"市民"课和品川区设置的"市民科"。前者"市民"课的学习目标是养成"适应社会变化的创造力"。与此相对应，后者"市民科"主要是帮助那些毫无生活和社会经验的学生们启发道德意识，引导他们深入了解道德价值和道德判断基准，并以"养成作为有教养的市民而必备的基本素质和能力"为目标。因此，本章将对"市民科"进行详细的分析说明。

众所周知，品川区在 2003 年（平成十五年）被指定为体制改革中的小学初中一贯制特区，从 2006 年（平成十八年）4 月开始实施小学、初中一贯制。"市民科"作为全新的学科，在小学一年级到九年级开设，并与传统的"道德"、"特别活动"、"综合学习时间"有机结合在一起。为了养成市民性，将开设"市民科"的 9 年按一、二年级，三、四年级，五、六、七年级，八、九年级分成四个阶段。每个阶段的课程构造又设定为 7 项基本素质（主动性、积极性、适应性、公德性、理论性、实效性、创造性），5 个领域（自我管理、人际关系形成、自治活动、文化创造、未来设计），15 个方面的能力（自我管理、适应生活、履行责任、适应集体、理解自己和他人、交流沟通、自治式活动、道德实践、社会性判断·行动、文化活动、计划·表现、自身修养、履行社会作用、社会认识、未来志向）。通过上述这些内容，在加强各学科中所学习的知识和技能有机联系的同时，培养这些素质和能力，并在社会生活中进行实践学习。

因此，以市民性养成为目标的"市民科"，从与道德教育相联系的角度来看，它所追求的是与现实社会相联系的道德性养成。不难发现这里所说的道德性来源于训练、实践和习惯，道德阅读资料和对话只能传授知识，并不能形成实践活动。与上述道德教育构想相比，目前的道德教育深受心理主义影响，产生了个人主义倾向（自我中心主义），开始偏离社会现实基础，这一点亟须我们反省。从这个意义上来讲，"市民科"构想不仅仅在道德教育的理想状态方面，目前在以"道德时间"、"特别活动"、"综合学习时间"等分散形式进行的道德教育方面也存在很大的问题。

但是，"方法不是万能的"，像品川区这样进行的"市民科"也绝不是万能的学科。例如，"市民科"旨在为社会培养有为人才，具有很强的实用主义倾向，从有显著效果的初等教育阶段开始，这种强化能否使青少年的成长达到我们所期望的目标，这一问题值得我们思考。 99

2. 关于重建道德教育的思考

（1）"道德时间"的局限性

如上所述，通过对战前、战后道德教育的深刻反省，日本于 1958 年（昭和三十三年）特设"道德时间"，并将其纳入学校教育课程之中。"道德时间"特设表明日本政府仍然坚持贯彻全面主义道德教育的基本方针。回顾日本道德教育的演变过程，我们不难发现，尽管伴随着社会发展，道德教育也发生了一系列变化，但时至今日，日本还一直延续着这种道德教育模式。

实际上，日本教育界对于特设"道德时间"的意见并不统一，大体分为两类：第一类是对"道德时间"持批判立场的教育研究人员，他们支持推行全面主义道德教育，即"通过学校全部教育活动"来进行道德教育的模式。另外，那些对道德教育和"道德时间"毫不关心的人们也会打着支持全面主义道德教育的旗号，消极懈怠地对待道德课，不热心于埋头研究。与第一类相反，支持特设"道德时间"的人们则认为特设"道德时间"是为了推进学校道德教育的实践。他们将生活指导的道德教育功能作为重要依据，来反驳持批判立场的教育研究者。由此可见，强调"道德时间"特设意义已经超出道德教育本身的范围，而上升为行政层面的对立与竞争。因此，为了顺利推行"道德时间"，文部省出台了各种各样的振兴政策和指导意见进行支持，特别是"道德时间"使用的道德资料，最初也是由文部省制定、发行，并免费发放到全国各地的中、小学。经过各方努力，"道德时间"的具体实行情况得到改善。这种改善在2008年（平成二十年）发布的《学习指导要领》中得到了明显体现，比如，小学《学习指导要领》第一章"总则"中的第二点，关于道德教育的内容如下：

学校道德教育以"道德时间"为主，通过学校全部教育活动来进行。即将"道德时间"作为道德教育的主要形式，并在其他各学科、外语活动、综合学习时间以及特别活动等形式中根据各自的课堂特色，来进行与儿童发展阶段相适应的指导。

旧版《学习指导要领》规定如下："学校道德教育通过全部学校教育活动来进行，以'道德时间'为主……"，新版《学习指导要领》中改为："学校道德教育是以'道德时间'为主，通过学校全部教育活动来进行……"总之，从"以……为主"这样的提法可以看出，文部省进一步强调了"道德时间"在道德教育中的核心作用。另外，将"通过学校全部教育活动来进行"这种战后道德教育基本原理放在"道德时间"之后，使其地位被相对弱化。在对文字描述进行更改时，如果强调其中一方，那另一方相对被弱化也是理所当然的事情。从这点来看，伴随着《学习指导要领》的改订，"道德时间"在学校道德教育中的核心地位逐渐巩固起来。

当然，大多数教育工作者对于"道德时间"在学校道德教育课程中的核心地位都没有任何异议。因此，强调改善"道德时间"的正确性也毋庸置疑。

但是，为了充实道德教育，如果只关注"道德时间"，将改善道德教育等同于改善"道德时间"，长此以往势必会产生新的负面影响，同时也会引发其他问题。另外，改善道德教育不是要对道德课的目的、内容和方法等相关事项进行反思，如果把它看作是新设的道德学科，那么如试卷和考核评定等事项也可能会给道德教育带来更多的问题，甚至还会引起混乱。

道德教育的理想状态是，不单纯依靠学校教育，而是通过家庭，社区、社会教育的共同联合来自然地完成。新版《学习指导要领》中也反复强调，依据改正后教育基本法的基本内容，道德教育应该尊重传统和文化，青少年最初接触传统文化的场所首先是家庭，其次是社区和社会。因此，关于这一方面的教育首先是立足于家庭，然后依靠社区和社会承担。[①] 另外，新版《学习指导要领》中强调的"热爱家乡"，本来就无法在学校进行，而是需要通过社区、社会的教育酝酿而成。但遗憾的是，由于目前日本家庭和社区、社会的教育能力十分微弱，所以很难保障。因此，为了应对这样的问题，还要继续发挥学校在道德教育中的重要作用。

综上所述，道德教育实际上不管是在家庭、社区、社会，还是在学校都可以进行。也就是说，道德教育能够通过各种各样的场所来发挥它的训育功能。"道德教育"一词并不是一个学科的名称，与之相对的"道德时间"这一词汇也不是学科名称，而是出现在课程表上的一个课程名称。从这个意义上来讲，必须明确区分道德教育和"道德时间"。如果将道德教育等同于"道德时间"，或者将两者混淆，不仅会在理论上产生谬误，也会由于将道德教育定义为"道德时间"而使其范围缩小，甚至会脱离"通过学校全体教育活动来进行"的战后道德教育基本原则，从而引发更多的新问题。为了避免这样的后果，作为具有训育功能的道德教育绝不能局限于"道德时间"。另外，一直作为话题的道德科也被等同于"道德时间"。关于这一点，如果拿人类的身体来比喻，则道德就是教育的"生命"，"生命"当然不可能只局限于其中的某一部分器官（比如心脏）。

确实，"道德时间"是为了改善过去道德教育混乱的状况而提出的，

---

① http://www.mext.go.jp/a_menu/shotou/new-cs/youryou/sou.htm.

尽管它的产生和发展历程充满了曲折和艰辛，但在那些被称为道德教育专家的人当中，强调"道德时间"重要性的人不在少数。这些人努力摆脱过去的心理阴影，在是否使用包含道德价值的资料这个问题上，一边强调重视道德教育与生活指导、学生指导的差异性，一边又主张发挥"道德时间"自身的特点，导致只想守护"道德时间"这样偏离道德教育宗旨的现象频频出现。

从特设"道德时间"开始，至今已有五十多年的历史，在整个发展过程中遭到来自各方的批判。所以，开发符合全新道德教育的学校道德教育课程尤为重要。我认为道德课程必须打破"道德时间"的局限性，不能总是将道德问题当成心理问题来对待。正因为如此，关于道德教育的构想也必须全面转变。

具体来说，从实施了五十几年却没有取得什么成果的既有方针政策中摆脱出来，意味着学校的道德教育不能只依靠"道德时间"所发挥的作用，而应该坚持贯彻"通过学校全部教育活动来进行"的道德教育基本原则，即"道德时间"与其他迄今为止没有发挥道德教育作用的各学科、课外活动、实践活动共同承担道德教育任务。积极朝这个方向努力，才是如今值得我们研究和探讨的问题。如果通过学校全部教育活动来进行道德教育，"道德时间"之外的各学科以及各种实践活动所进行道德教育的具体目标和内容也会变得逐渐明确。同时也可以更加明确，"道德时间"之外的各学科和实践活动可以养成哪些"可持续性社会人才"所必须具备的道德品性。如果通过这种做法能够养成人们所必须具备的所有道德品性，那么"道德时间"的废止应该是社会发展的必然趋势。

但是，我们绝不可能得出上述结论。因为世界上本来就没有在不设置主要道德教育课程的情况下便能够进行道德教育的先例。放眼欧美各国，美国实行的是通过社会科和公民科来养成市民素质的公民教育，除了实施世俗的道德教育即道德式公民教育的法国之外，世界上大多数国家和地区都将宗教科作为实施道德教育的核心课程。当然也有一些个别现象，比如德国有一部分州设置"相当于伦理课的科目"来代替宗教科；英国为了追求从宗教中脱离出来的道德教育，虽然从 20 世纪 70 年代开始推行"生命线计划"，但到目前为止英国仍然以宗教科为核心来实施道德教育。另外，宗教科在中东各国的重要性也不言而喻。总之，就像宗教科占据道德教育的核心地位一样，全世界都以某个特定的领域或课程为中心开展道德教育实践活动。

因此，现在的日本也仍然像第二次世界大战前以修身科课程为中心来实施道德教育一样，将某个领域的课程作为核心来实行道德教育。即首先明确核心课程的道德教育目标和内容，其中包括该课程要养成学生的哪些道德品性，然后对与该课程相关的其他学科、实践活动中该如何进行道德教育进行引导。如果不照上述方法那样，将学校全部教育活动所进行的道德教育综合起来作为道德教育的核心课程，而是一味地强调某一特定课程形式，比如"道德时间"所发挥的作用，那么学校道德教育现状则无法改善，更不可能进一步发展。

基于上述认识，为了能够构想全新的、更理想的道德教育理念，本节将对新版《学习指导要领》的内容进行详细分析，特别是对于其中与"道德时间"相关内容的表述变化进行简单总结，结论如下：

第一，增加"以……为主"这一与道德教育密切相关的表述。

旧版《学习指导要领》第一章的"总则"中明确指出日本道德教育的基本方针，即"学校所进行的道德教育，要通过学校全部教育活动来进行"，也就是标榜"全面主义道德教育"的基本方针。但是，新版《学习指导要领》中将"以'道德时间'为主"的语句置于"学校所进行的道德教育，要以'道德时间'为主，通过学校全部教育活动来进行"的"全面主义道德教育"基本方针内容之前。新版《学习指导要领》中之所以作出这样的修改，是想强调"道德时间"的重要性，还是想将"道德时间"优先于"通过学校全部教育活动来进行"？虽然对于这个问题百思不得其解，但无论是哪种解释，我们都可以发现与具备教育功能的道德教育相比，文部省更重视作为"领域"而存在的"道德时间"。这种观点的正确与否有必要从根本上进行分析检讨。另外，如果文部省作此修改的本意是想将

"道德时间"优先于"通过学校全部教育活动来进行"的话，那么这种实践的趋势就是用"道德时间"取代"修身科"，从这一点改动来看实际上很接近于第二次世界大战前推行的道德教育模式。

第二，将"关于生存方式的思考"这一语句新增在关于小学道德教育目标的描述之中。

104　　　新版《学习指导要领》第一章"总则"中关于道德教育目标的内容没有明显改动，不过受到教育基本法改定的影响，其又重新强调了尊重"传统与文化"，热爱"祖国和家乡"，尊重"公共精神"等内容。关于这一点在小学和初中《学习指导要领》第三章"道德"中也有所体现：道德教育内容中明确规定要尊重"传统与文化"，热爱"祖国和家乡"，尊重"公共精神"；小学《学习指导要领》的道德教育目标中新增了"思考自己的生存方式"这一内容，与初中《学习指导要领》中"关于自觉思考作为人类的生存方式"相对应。

综上所述，新版《学习指导要领》不只是在初中和高中阶段，从小学阶段就开始谋求道德教育与职业教育的衔接。之所以与职业教育相互联系，一方面是因为当下的道德教育偏重心理主义，迫切需要与现实建立紧密联系。另一方面，如果让低年级小学生在幼儿阶段就开始深入思考与"自己的生存方式"相关的问题，超出了他们的发展阶段和年龄特点。如果对他们进行强制灌输，向大多数学生讲解对于他们来说无法理解的内容，如将深入"思考自己的生存方式"作为目标，即以高尚的愿望和意图作为目的和标准，这种做法对于现如今以"计划、实施、评价、改善"的实践系统为导向的学校来说毫无意义。同时，从天真无邪的少年时代开始，学生就向着永远都不可能实现的目标去努力，可能会导致他们不但没有成就感，还会萌生强烈的徒劳感和挫败感，因而产生各种烦恼，危害性非常大。

第三，新版《学习指导要领》按照道德价值项目对道德内容进行分类，仍然延续了从1989年（平成元年）版《学习指导要领》中就开始采用的四个方面内容来进行整理、划分。

正如前面所描述的那样，小学和初中《学习指导要领》第三章"道德"同 1958 年（昭和三十三年）版《学习指导要领》制定时一样，关于道德内容项目不是根据具体的四个目标来分类，而是按照与目标没有任何关系且唐突登场的四个方面内容进行区分。这个观点确实起到了简易区分内容项目的作用，但是反过来讲，就像第二章中所分析的那样，这样的分类方法会造成目标与内容之间关联性的缺失。

如果对该问题进行深入分析，上述四个方面内容可以说都是从"我"的角度，也就是个人的角度出发来观察世界的。具体来说，这四个方面所包含内容都是以"我"为主语的句子。从具体内容来看也都是以"我"为中心的"自我中心性"，或者说是具有很强的自我崇拜和利己主义的内容。从第一方面内容被确立为"与自己有关的事"可以看出，四方面内容分类的过程大致为，将与现实社会生活紧密联系的道德价值，首先机械地分类出与个人相关的价值，然后将剩余内容按照其他三种分类进行区分。因此，按照上述四个方面的区分进行分类，并不能将所有的道德价值观念包含在内。如前所述，将不能包含在一类区分中的所有道德价值内容项目，按照完全没有道德意义的分类进行区分时，一定会将一些内容进行修正和删除，这恐怕是不争的事实。总之，根据目标来制定方法的做法是错误的，因为这种错误的做法会扭曲对现实生活有益的道德价值内容。

因此，我们首先不能将这四种分类方式作为金科玉律全盘接受。为了重新构建道德教育，将对于日本青少年的社会生活有益的各种道德内容作为下一次修订的事项来考虑十分必要。同时，在这个过程中还可以找到让道德教育从心理主义化中摆脱出来的突破口。可以设想一下，如果进行这样的变化和改革，那就可以在把"道德时间"变为道德科的基础上，给道德教育带来根本上的改变。

综上所述，日本现行的道德课模式和基本情况已经完全滞固于过去道德教育的束缚之中。尽管"道德时间"特设已经有五十多年的历史，却没有取得特别明显的效果。文部省为了解决这一问题，只是对一直以来推

106　行的《学习指导要领》进行增补和修订，这不是从根本上解决道德教育现存问题的方法。从人性养成以及学校全部教育活动的视角来看，如果对日本道德教育或者"道德时间"进行根本的改革，不应该只是一味地推崇道德学科化，而是需要进行全面检讨和反思。

（2）从"心灵教育"中摆脱出来

正如上述分析所示，要从根本上改善日本道德教育的现状，必须从过去的束缚中彻底摆脱出来，重新思考。尤其是近几年一直盛行的执着于"道德时间"和对心理主义的过分依赖现象，摆脱这种意识的束缚是道德教育改革的最关键一环。关于前者上一节已经简单地进行介绍说明，接下来，要对后者进行详细阐释。

关于如何摆脱对心理主义过分依赖这一问题，本书前几章已经反复强调，解决这一问题的关键是必须尽早让学校道德课教师们自觉认识到这个问题。回顾近几年的历史我们不难发现，那些善良的持道德教育主导立场的教育工作者们，不仅为了解决棘手的课题而日积月累、坚持不懈地努力，还要接受来自所谓保守派的顶撞和进步派的各种批判，结果导致他们连最简单的成果都没法做出。面对种种困扰，这些道德教育工作者们就像"落水者抓住救命稻草"一样，盲目地追随日益膨胀的"心灵教育"潮流。这种随波逐流产物的代表就是《心灵笔记》，相信大家从名字就可以明显看出它的基本特征。

如前所述，由于受到盛行于美国的心理主义影响，《心灵笔记》的内容带有浓重的心理主义色彩，然而无论是发行《心灵笔记》的文部省还是学校的道德教育课教师似乎都没有认识到这个问题，他们依旧坚持将《心灵笔记》作为最主要的道德教育资料。我认为如果对这一问题放任不管，势必会对以改善现实社会生活为目的的道德教育带来消极影响，进而引发各种问题。当然我并不主张全盘否定《心灵笔记》的内容，也不是否定将《心灵笔记》作为道德资料进行道德教育的方法，而只是希望日本道德教育工作者以及教育机构和组织能够对过度心理主义所带来的危险性重视起来。回顾最初特设"道德时间"的1958年（昭和三十三年）前后，代表

当时道德教育主流立场的道德教育工作者们对于道德教育过度依赖心理主
义的危险性有着清醒的认识。也正是由于对这种危险性达成了共识，当时
的道德专家们才提出摒弃战后新道德教育方针，提出特设"道德时间"的
主张。

接下来，本书将以反复强调的《心灵笔记》这个名字为例进行具体
说明。1957 年（昭和三十二年）开始由文部省内部"教材调查研究道德
委员分会"委员们推进"道德时间"特设，时任日本道德教育学会和日本
伦理学会会长的滕部真长指出"第二次世界大战后新道德教育的特色可以
概括为心理主义"，并对战后新教育的整体情况发出如下感慨：

> 新教育应如《教育学等于心理学吗》这本书所提出的观点那样，
> 教育学包括儿童心理学、发展心理学、教育心理学、学习心理学等
> 主要内容。实际上，如果将心理学的要素从教育学领域中刬除的话，
> 那最后还能剩下什么内容呢？我觉得大多数人都会觉得最后可能什
> 么内容都没有了。①

基于上述认识，滕部真长认识到日本虽然借鉴了美国的经验，但也
只限于理论层面，因此针对这一问题他指出：

> 第二次世界大战后的新教育改革虽然借鉴了美国的先进教育理
> 论，但是在没有完全消化的情况下就结束了改革。换句话说，主要
> 对以心理学为中心的教育理论和教育方法进行介绍，将其引入日本
> 教育之中。之所以这样做是因为心理学理论和方法比较容易被理解、
> 接受和吸收，结果导致新教育心理主义倾向产生。而且这种倾向在
> 新闻学中也同样存在，比如说发生了某些社会性事件，报纸和广播
> 就立刻听取心理学家们的意见和想法，这种根据社会心理学分析结

---

① 滕部真長：《道德教育—思想の基礎—》，大日本出版，1959 年，第 14—21 页。

果来对事件进行介绍或者报道的现象屡见不鲜。①

如上所述，滕部真长的主张和意见同样适用于50年后的日本教育，他一针见血地指出了日本教育陷入心理主义的原因。另外，滕部真长还继续针对心理主义中所存在的问题进行了分析，并提出如下观点和见解：

> 如果由心理学家们向人们传授那些所谓"应该做的事情"的行为准则和生活指针，他们不仅仅是对心理事实的说明，还会添加很多心理学之外其他要素，比如心理学家根据自身的哲学观，人生观或常识等而得出的判断和推理，等等。因此，这种直接从心理出发跳跃到伦理的做法不符合逻辑。

可以发现，滕部真长对大约五十年前心理主义中所存在的问题作了极为精辟的概括。尽管如此，作为代表当下道德教育主流立场的工作者，他们中的大多数人在顺应任何人都很难推翻和反驳的"心灵教育"时代潮流时，完全没有发觉心理主义所存在的问题。比如说，他们对从临床心理学中演变生成的马斯洛"自我实现"概念盲目推崇。正如前面几章中提到的那样，我们很容易发现"自我实现"并不能在青少年的成长过程中实现，它是优秀人才成长后的最终状态。马斯洛也不过是对被公认为是实现了"自我实现"的真实人物进行总结，通过他们的过去经历来反映他们的现在。比如，他通过对歌德和华盛顿等人进行分析总结，从而归纳出"自我实现"的基本特征。因此，将这样的概念作为对所有学生的唯一指标，要求他们现在就要预测出未来可能发生的事情，这本身就是十分危险的心理主义方法，但好像大多数的教育工作者都没有认识到马斯洛观点的危险性。

"自我实现不是年轻人能够实现的。至少在我们的文化中，年轻人还

---

① 滕部真長:《道德教育—思想の基礎—》，大日本出版，1959年，第27页。

没有养成自我同一性或者自律性，他们对于超越、忍耐、诚实、浪漫的爱情关系还没有十分充足的经验，天赋也没有明显体现出来，并且他们连自身的道德体系都没有确立起来。"[1]

不仅是马斯洛，弗洛伊德、埃里克森、布伯、富兰克林等人，也都是来自于家庭离散、流浪四方、频繁被迫害的犹太民族，他们所提出的人类学观点（强调爱自己和统一性）是通过对人类苦难深深的思索而得出的优秀学术性成果。正因为如此，这种人类学观点的前提是对人类的生存方式和应有的理想状态进行思考，并在此基础上，为历史和文化背景完全不同的人们提供非常有益的参考。但是，在日本这样一个有着温暖季风气候的岛国，对于与确立个体相比更重视共同体历史和文化的日本人来说，不应该将它作为唯一绝对的指标并且必须去接受它。为了构筑符合于日本现实社会情况的道德教育，就一定要尽早从"心理主义化道德教育"中摆脱出来。

"道德时间"给学生留下了枯燥乏味的印象，为了增加其趣味性，一直以来只注重"教"的教师们，抛开道德教育的目标和内容，直接跳跃到方法。他们只是通过采用能够使课堂更活跃、使学生更快乐的教育方法，来推进和改善"心理主义化道德教育"。当然，让课堂变得更有趣对道德教育来说是一个极为重要的因素，教师们在此付出的努力绝不是坏事。但是，上面所提及的道德教育工作者们，对于道德教育的目的和内容，以及学生发展阶段和特性等问题都没有进行足够的反思和检讨，只是采用了"容易理解、接受和吸收"的心理主义方法进行授课而已。具体来讲，他们采用的所谓"方法主义"无非只是在课程中通过进行讨论的方式来增加课堂的趣味性，或者是通过"团队协作"方法来活跃课堂气氛。当然，我们也不应该全盘否定这些方法，但是这种脱离道德教育的目的和内容，只是追求课堂快乐性的行为，绝对不能被称作是道德教育，只能算作是一种

[1] マズロー：《改訂新版人間性の心理学》，小口忠彦译，产业能率大学出版部，1987年，"序"第 xxxvi 页。

通过从心理学领域借鉴的技巧和方法来调动学生内心情绪和活跃课堂气氛的操作手法而已。

之所以过分拘泥于学生的内心情感，偏执于心理主义方法，很多人解释为不同的人对社会和道德价值内容很难产生相同的理解。但是，如果我们从理论层面进行剖析，日本道德性养成的方法才是该现象产生的最重要原因。具体来看，我们在对道德性养成方式进行分析研究时，一直存在两种截然不同的思考方式，即道德是要养成内化式的自觉性，还是要达到道德意识和道德行为的统合。为了积极支持第一种思考方式，文部省制定的《学习指导要领》中的内容，都是一味地向这个方向进行引导。正因为如此，日本一直以来推行的道德教育方法是在资料阅读基础上的心情主义方法，尤其是最近特别盛行的心理主义道德教育方法，它与道德教育目标和内容完全脱离。并且，在进行道德教育的时候，忽视了目标、内容和方法的有机结合，在从培养感觉开始到形成意识、最后再付诸行动的过程中，过分执着于考量人类特性。结果导致人们即使可以对某一事态产生感知，也不能培养出如"正确判断"和"付诸行动"这样的人类特征。这也就意味着，为了构想未来全新的道德教育，必须摒弃那些与教育目标和内容等没有任何联系的教育方法，即不能只是单纯地向学生灌输"替别人着想"等价值观念的道德教育或者推行"心灵教育"。只有将道德教育的目标、内容和方法紧密联系在一起，培养学生能够感知、判断并付诸行动的道德教育才是真正的道德教育。因此，像1989年（平成元年）版《学习指导要领》中有关道德内容项目的四种分类方式，其中存在的与目标、内容完全没有任何关联的问题需要尽早得到修正。

综上所述，通过将道德教育的目标、内容以及方法共享并有机结合，以此引导和促进学生产生对道德教育本身以及道德教育学习的好奇心，这种将道德课与全部学校课程紧密联系来进行道德教育的新构想很有意义。开展这样的道德课，不仅能够使教育者和受教育者都感受到轻松和快乐，也能使其从指导计划和课程次数的束缚中摆脱出来，受教育者和施教者应该都会对这样的道德教育课程抱有迫切期待的心情。因为这种与道德相关的课程打破了迄今为止的种种束缚，这种范式转化，乍一看与其他学科相比可能比较繁琐，但是作为探寻人类理想生活状态的根本性问题，道德教育确实具有很深层次的内容及特质。

111

3. 创设道德教育的核心——"日本科"

众所周知，第二次世界大战前日本道德教育主要通过修身科课程来进行。但是，如果我们放眼欧美各国便可以发现，正如前面所描述过的那样，迄今为止欧美大多数国家基本都将宗教科作为道德教育中最重要的核心内容。另外，中东各国开设的宗教科也与道德教育有着密切的联系，这一点毋庸置疑。

回顾日本道德教育的历史和世界各国道德教育的整体情况，我们暂且不讨论是否应设置宗教科的问题，对于承载着社会文化的学校来说，道德教育的核心课程不可或缺。因此，无论多么复杂的时代背景，像战前开设的修身科、战后的特设"道德时间"，可以说都是道德教育发展的必然结果。但是，就像本书前几章反复强调的那样，过去种种发展历程，尤其是"道德时间"特设之初引发的争论影响十分深远。因此很遗憾地讲，至今无论是从支持者还是反对者的角度来看，实际上"道德时间"并没有很好地发挥出其应有的作用。比如，对辅助教材的研究和开发以及心理主义手法的引入，以及《心灵笔记》的制订和发行，都属于对症疗法的范畴，因此并没有给道德教育带来明显的效果。

最近日本出现了很多难以忍受这种现状的学者，他们在对道德教育的内容、方法以及基本情况都毫不理解的情况下，提出了将"道德时间"改为"道德科"的观点，像这样"返祖归元"①式的方法不仅不能对道德

---

① 返祖归元：在事物发展过程中，已经失去的特性在后来的某件事情上又出现的现象。——译者注

教育产生什么作用，还会引起学校教育的混乱。而且反对他们的意见，不但不能提高道德的地位，反而会导致"道德降格"。之所以这样说，是因为道德是教育的"生命"，将道德科等同于国语科、社会科、家庭科以及绘画工作等向学生教授知识和技能的学科，是对道德品德相关措施和政策的亵渎和扭曲。这种模糊暧昧、"返祖归元"的方法，可以说是比特设"道德时间"还愚蠢的策略。如果支持"返祖归元"，那么真正体现"返祖归元"的"修身科"，无论在名称还是内容上都比"道德科"更贴切、更适合。

最初，"修身"这个名称是由福泽渝吉和小幡笃次郎等人提出的，他们不是将"moral science"（モラル・サイエンス）这个词语单纯地翻译成"道德科学"、"道德学"、"道德论"等，而是根据中国《礼记·大学》一书中的名言——"修身齐家治国平天下"的含义意译而成。从内容上来看，它并不是指每一个单独个体的"内心世界"或者心情，而是着眼于超越社会和国家，或者可以说是有关世界和平伟大理想中的个人"行动"，它与现在的"道德"或者"道德时间"相比具有更宏大的理论特征。说到这就不得不提及于1946年（昭和二十一年）颁布且与此事密切相关的《第一次美国教育使节团报告书》，其中有这样的内容："日本人现在所拥有的就是以礼仪为核心的修身科，修身科的教育效果很好，至少日本人所具备的这种形式上的谦逊有礼会被世界广泛熟知。"正如这段话所指出的一样，美国教育使节团认可修身科中对实际生活中的"行动"的指导方式，并且还赋予了很高的评价。①

综上所述，无论是"道德时间"还是"道德科"，甚至包括所谓"心灵教育"在内的所有道德教育形式都没有从根本上进行改革，所以道德教育状况也没有得到良好的改善。这种只是流于表面、对症下药式的改革，导致教师的不信任感更加强烈，而且现实的道德课状况也更加恶化。迄今

---

① 《戦後日本教育史料集成》編集委員会：《戦後日本教育史料集成》第一卷，三一書房，1982年，第92頁。

为止，道德课所谋求的是能够对实际道德行为产生全面影响的稳固精神价值观念。对于这个问题，宗教科通过教义很容易就能获得。与欧洲各国不同的是，新设宗教科来取代"道德时间"，或者至少是引入宗教科来代替"道德时间"，在多神教的日本很难与社会和文化相融合。

不过，如果日本国民的人生支柱既不是某一种固定的"宗教"，也不是"类似于宗教的事物"、"类似于哲学的事物"或者"类似于宗教式哲学式的事物"，那么他们的生存方式是不是固定的？关于这一点，虽然从明治时代出现的"宗教式情操"问题开始就经常引发各方争议，但是现在即使只拘泥于与"宗教式情操"相关的内容，我认为对于道德课程的改善也不会产生明显的效果。另外，只是将"宗教式事物"、"哲学式事物"或者"宗教式哲学式事物"与带有很强感情色彩的"内心活动"相互置换，我们也没办法看到人类的理想状态、生存方式的标准和精神价值，或者人类应该具备的道德品性。当然，如果我们只局限于没有任何吸引力的"内心"，那么探究作为其支柱的"宗教式事物"、"哲学式事物"或者"宗教式哲学式事物"是非常有效的方法。总之，可以这样比喻，大地震和洪水强风等灾害都不能摧毁如五重塔①般的"心灵支柱"式事物，对于日本人的理想生存方式或道德来说，其必要性不言而喻。关于"心灵支柱"，虽然我的脑海中实在找不出合适的词语来描述它，但是根据语境和环境要求如果一定要用一个词语来描绘的话，比较恰当的词不是"内心"而是"精神"。用英语来表达的话不是"heart"、"mind"、"mentality"、"soul"，而是"spirit"，另外用德语来替换的话不是"Herz"、"Seele"，而是"Geist"。如果从古神道"一灵四魂"的思考方式出发，它不是"魂"而是"灵"。像这样用各种各样的词语都能够表现的事物，在这里不必担心被误解，如果用日语来描述，可能"灵魂"或者"大和之魂"比"内心"这一词汇更为贴切。

① 五重塔：本义为五层的佛塔，五层分别象征着地、水、火、风、空五大要素。在这里引申为道德教育最核心的内容。——译者注

　　明治时代开始一直到第二次世界大战前以及第二次世界大战期间一直提倡"大和之魂",最初为了鼓舞人们的士气而提出并逐渐流传开来。特别是在战争时期,"大和之魂"包含了"忠义"和"灭私奉公"等道德价值观,很多被强行赋予"大和之魂"精神的日本人都在战争中失去了生命,所以这个词直到现在还被贴着军国主义标签。然而,这个词本来的意思是"伟大的和魂"("和魂"是与"荒魂"相对应的词语,意思是"温和的神灵"),是以从远古绳文时代开始流传的古神道(惟神之道)为根本精神演变而来,怀着对大自然的敬畏和感谢之情,尊重和珍视生活在大自然中的各路圣神,从而指导日常生活的思想体系。例如,江户时代本居宣长针对"汉心"(近世日本国学家的用语,是种受汉学特别是儒教的影响并热衷于汉学和儒学的思潮,与"大和心"相对),创造了"大和魂"这个词,将"多愁善感"(日本文艺中美的理念之一)、"不去斤斤计较的坦荡内心",以及"从儒教和佛学中脱离出来、日本自古以来推崇的传统精神"等意义融合在一起。另外,平安时代"大和魂"被作为与"汉才"(精通汉学和中国古籍,善作汉诗文的才能)这个概念相对应的词语来使用。因此,将"大和魂"本来所包含的精神,或者说是"惟神之道"的精神作为"心灵支柱"之道德应该是最符合日本实际情况的。

　　当然,在这里虽然提出了"大和魂"与"惟神之道"等词汇,但是这些词只是为了让现实社会中的其他人在理解它们的内容时,能够找到一个可以形象表现出具体内容的词语。说到底,我们通过这些词语想要表达的主要内容是,在日常生活中,我们要怀着对大自然的敬畏和感谢之情,尊重和珍视生活在大自然中的各路圣神,生活在这里的人与人之间都应怀着尊重"和"的精神来经营日常生活。如果将这些思想赋予某些名称的话,在日本的历史和文化之中,能够表达与这些内容和意思相近的词汇是"大和魂"与"惟神之道",所以它们就被使用了,仅此而已。当然,如果后来发现了其他更为贴切的词语,或者创造出了新的词语,那么以后使用这些新词汇也很好。现在与道德教育的内容相比,我更关注能否找到表达出真正意思的合适词汇。

基于这样的认识，我想借机批判日本道德教育的现状并尝试对全新的道德课程形式提出自己的意见。我认为，道德教育不应该陷入执迷于心情、感情和心中所想等美国式偏重内心活动、内心情感的心理主义误区。因为日本文化和传统的基础是"惟神之道"所体现的精神观念，如果简单加以概括，那就是以遵守自然法则，自然环境和人类环境互相调和、共同发展为核心的思想。在这里，如果对我所提出的道德教育观点和思想进行提炼和总结，可以做这样的比喻："教育中的道德同料理中的盐一样。"人如果不摄取盐的话就没办法维持生命，但如果只是摄取盐的话，又会觉得咸，特别难吃因而不想吃。还有，如果过度摄取食盐会对身体产生很大危害，但是，如果做菜的时候放入适量的盐不仅会使这道菜变得美味，还能够有效维持人的"生命"。道德和盐的作用是一样的。人类如果不具备道德，就会沦落成为依靠感觉和本能行动的动物，也就不能被称为真正的人类。德国自由华德福学校创始人斯坦纳也强调过道德对于人性养成的重要性，他指出："道德才是从根本意义上使人称之为人的事物。"但是，如果只将道德移植给人类，那么人类可能会因为太痛苦而产生反感。那么同样的道理，将适量的食盐放入菜品中，人类既能够品尝到美味的菜肴，又能够摄取身体所需要的盐分，从而达到理想的身体状态。同样，如果在教育的过程中融入适当的道德，那么孩子们不仅能够体验到这个过程，还能够在不知不觉间学习到更丰富的知识。总之，教师最好在学生们无意识的情况下顺其自然地教授道德知识。对此，斯坦纳在教师养成的演习会上提出了如下观点："要使学生们完全感觉不到教师是在刻意地教授知识，当你们在为了能够打造出博物学（研究动物、植物、矿物等自然物的学科）课堂形式而努力的时候，学生们的内心深处就已经种下了最重要的道德种子。"①

从这一点来说，像日本这样自己大声高呼着"'道德时间'是道德教

①　吉田武男：《シュタイナーの人間形成論——道徳教育の転換を求めて——》，学文社，2008年，第321页。

育的根本"口号的行为，本身就在阻碍青少年的道德学习。并且对于青少年来说，即使学习了道德，成绩也很好，但是由于道德课学习成绩好坏对入学考试合格与否没有任何影响，所以这样的高声呼叫不仅不能对现代社会中竞争主义、结果主义主导下教师和学生的内心产生任何影响，还会暴露出它欺瞒性的弱点。打个简单的比喻："只靠吃盐是不能够填饱肚子的。"也就是说，"道德不能作为吃饱的最低条件"。正因为如此，我们越是强调道德的重要性就越不能提起教师和学生对道德教育的兴趣。总之，道德教育和"道德时间"，甚至"道德科"都没有充分考虑学生的实际情况和教育制度、体系，虽然文部省一直强调和呼吁"道德时间"的重要性，致力于充实道德教育，甚至要推进道德的学科化进程，但是他们既不了解学校道德教育的实际情况，也没有确定坚实的理论和方法，自始至终只是沿承了之前的道德课程，引入了美国的心理主义教育方法，这样的做法只能增加大家对道德教育的不信任感。

顺应目前国际主流趋势的"市民教育"（citizenship education），即开设"市民科"是能够解决道德教育中目前存在问题的有效方法之一。或者可以说，"市民科"的设立是解决目前存在问题的很好的选项之一。因为，从"市民科"的主要内容来看，其中不仅包括人权教育、法律教育，还包括怎样能够在现实社会中更好生存的有益内容，特别是在全球化社会背景下人们所必须遵守的法定内容。从这些内容我们可以看出，"市民科"可以转变日本《学习指导要领》中提倡的养成心理化道德品性等构想。总之，"市民科"不是只拘泥于"道德时间"，而是"道德时间"、特别活动、综合学习时间的有机结合。"市民科"的设立是为了尝试从课程改革的视角出发对道德教育进行改善。从这一点来看，"市民科"的开设是非常好的教育实践先例（但是，上面强调的是"市民"而不是"国民"）。

根据上述内容，"市民科"似乎存在能够解决目前道德教育问题的可能性，但是仔细分析目前"市民科"的实施现状，比如根据品川区推行"市民科"的结果就可以发现，这种教育实践不过是使道德教育偏向于"封闭的道德教育"①。因此从实用的角度来看,"市民科"并不具备很强的实用性,并且缺少对青少年艺术性(对美的事物的感觉)和美学思维(精神性、灵魂)的培养。这样的道德教育,虽然从现在来看可以对青少年进行如何能够适应社会的相关指导,但是在培养他们的个人生存价值、生存意义以及自豪感等精神动力方面,还有在培养积极参与建设可持续性发展社会而必须具备的创造力以及社会生存能力方面,都存在明显不足。

综上所述,我将尝试提出新的道德课程。具体来说,我们不仅要在一定的范围内以授课的形式进行道德理论知识的学习,还要新开设超越学科范围,能够做到横跨学习和活动、两节时间连续的学科(其实也不能算是学科,是类似于综合学习时间的"日本研究时间",可以适当削减综合学习时间,增加"日本科")——"日本科"(随着学年增长,更名为"日本学")。"日本科"这个名称与"日本学"的意义大致相同,是根据德国大学中作为学科、专业、课程名称存在的"Japanologie"一词推想得来的。当然,这个学科的名称也不是必须要固定为"日本科"。在这之前的讨论当中曾提出过的"人类科"和"人生科"等名称可能也很合适。但是,如果意识到当前全球化社会的大背景,那么从现在开始要在当下社会中生存的青少年,只学习外语是不够的,还应该树立日本国民意识,确立具有日本特色的精神和价值观念。正是出于这一点考虑,我尝试提出了在学校设置"日本科"。

关于"日本科"主要内容的设想,大致如下:不仅包括宗教(神话)、各种表演艺术、武士道等日本传统文化,还应该列举日本人的日常生活状态以及日本的自然生存环境。

例如,从小学一年级开始,便将与日本息息相关的事情作为教育内容来进行教授。处于这个阶段的小学生们还不具备进行因果推理和逻辑性思考的能力,因此通过向他们讲授那些通俗易懂的日本传统经典故事、日

117

---

① "封闭的道德",出自柏格森(Bergson, H.)。——译者注

本神话是最好的教育方法之一。另外，还可以如基督教国家将基督教文化圈盛行的亚当夏娃神话首先讲述给小学生一样，日本应该首先教授与基督教"创造天地"相同的"开天辟地"神话；并且在讲解该童话时，以《古事记》为基础，向他们讲述在遥远的天国中生活着的天之御中主神、高御产巢日神、神产巢日神三位圣神诞生历程。另外，还可以通过《日本书纪》的内容，从天地还没有彻底分离，处于一片混沌的状况开始编撰神仙诞生的故事。可以说，"国家形成"、"神仙诞生"、"天岩户"、"出云神话"、"芦苇中津国平定"、"天孙降临"、"山幸彦和海幸彦"、"神武东征"等故事都可以作为教学的内容，把有关日本起源的神话故事讲给学生们绝对不是一件坏事。通过教授日本神话，也不会把学生们培养成军国主义者。在全球化以及高度信息化的日本社会，与其教授那些不切实际、虚无缥缈的内容，还不如向学生们介绍那些在四周保护着他们的神社和森林更有亲切感，我相信通过这样的内容也能培养学生们对环保重要性的基本感知和认识。

另外，不只是这样的日本神话，《风土记》中的传说也是非常不错的教育内容，还有各地流传的民间传说和故事也都非常具有教育价值。比如说，在当今全球化社会的大背景下，我们不仅要懂得日本料理，还要尝试了解西洋料理、中华料理等，这种从全局出发的视野非常重要。因此，顺应学生的成长阶段特点，将以基督教、犹太教的"创造天地"神话为代表的希腊神话、埃及神话和北欧神话，还有中国神话和印度神话等作为教育内容也非常必要。因为这些神话已经超越民族和国家的差异，一定包含了某些道德价值，尤其是真善美等最基本的价值观。可以说，几乎所有的神话和故事当中都包含"善良"这一道德价值观念。对于思想尚未成熟的未成年学生来说，神话中的智慧是教授学生初步认识和判断善良与邪恶的最好教材。

除此之外，如果从顺应时代发展的角度而言，除了神话之外，将绳文时代的生活作为教材的内容也具有非常重要的意义。可能很多人对历史书中一万几千年的原始社会没有足够认识，觉得当时的人们只是依靠采集、狩猎、捕鱼等简单的技能维持基本生活。其实，在整个原始社会的发展过程中，如果着眼于人类的生活和生存方式，我们可以从中发现日本人的很多优长，特别是那些对日本人来说永远不能忘记的宝贵生存智慧和经验，简单概括来说，即怎样与大自然和平共同相处的生存之道。

到了弥生时代，虽然当时农耕文化越来越发达，但是人们仍然坚持与大自然共存的思想。另外，在绳文时代向弥生时代发展的过程中，如果某一特定地区的财富比较集中，那就会引发各种各样的社会问题，这些也是学生们必须学习的内容。

虽然受篇幅所限，这里只是简单地对"日本科"的内容进行说明。但是我想进一步说明，还要根据学生不同成长阶段的不同特点，编辑相应内容的教科书。比如圣德太子的"十七条宪法"，《万叶集》的歌，空海、最澄和亲鸾等高僧的教诲，镰仓时代的《御成败式目》，世阿弥的《风姿花坛》，千利休的《守破离》和《风雅闲寂》，宫本武藏的《五轮之书》，松尾芭蕉的知名诗句，本居宣长的《真心》，荻生徂徕的《礼》，石田梅岩的心学，明治天皇的《五条誓文》等传统文化。通过这些故事，学生不仅容易记住与这些历史事件息息相关的年号，这只是历史知识的学习层面，从道德教育的角度来讲，这些故事蕴含着丰富且超越时代限制的人类生存智慧，这些内容都具有非常深远的道德教育意义。特别是关于佐仓总五郎和多田加助等人的故事，这些在江户时代为了挽救村落共同体而舍弃自己和家人的生命、惨遭陷害的义民们所表现出的英勇"荒魂"，与平时提倡的共生共存、和谐平和的"大和魂"（和魂）与"惟神之道"一样，对于接触、了解日本文化与历史具有非常重要的意义。

当然，"日本科"里不只有历史内容，还应该包含日本地理知识，即让学生通过了解人们的生活来学习日本人的生存方式。特别是不同地区的生活，都是要处理好自然环境与社会环境之间的关系，进而通过经济活动增进人与人之间的交流，将这些纷繁复杂的人类生存方式教授给学生们具有十分重要的现实意义。例如，古时候为了抗洪而发明设计的无围栏式

119

"沉下桥"① 至今仍然留存于世，在高知县、大分县和福岛县都能够看到。"沉下桥"可以说是教育我们如何与大自然和谐相处的经典范例，这件事情本身还具有指导人们如何生存的实际意义。除此之外，日本的童谣以及流传下来的游戏也都包含着富有道德价值的日本文化。

因此，这些包含着丰富日本文化的多样化内容，都可以作为陶冶青少年道德情操的道德教育新型教材。今后，期待在学校的课程中，开发出符合青少年成长阶段特点的日本教育内容。

说到这里，可能有人会提出这样的疑问，"只局限于日本的教育内容，所培养出的人可能只能适应日本社会，具有狭隘性"。我认为这样的事情是不可能发生的。因为针对那些还不能理解因果关系和进行独立思考的低年级学生，应以教授他们日本文化为主。而随着年级增长，当他们已经具备独立思考能力时，再向他们介绍世界上其他国家的文化。不过，如何清晰地划出分界线并不容易，从整体来看，按照先日本、后世界的顺序可能更为合适。无论是初中生还是高中生，针对他们的发展阶段特点，积极尝试向他们介绍世界大事，以此来增强他们对日本所处国际地位的认识，这一点非常重要。而且在这个过程中，选取日本与世界各国之间的交流和往来活动作为教授的内容比较合适。在人类历史的长河中，能够提炼出重要道德价值的题材不胜枚举。

比如，以发生在 1957 年 2 月，为挽救日本船员生命而见义勇为纵身跃海最终殉难的丹麦人事件为例。通过这件事情能够唤起青少年对于丹麦和日本，特别是关于丹麦与和歌山县之间感人故事的思考。说起海难事故，我们会想到发生在 1886 年的"诺曼通号"事件，对该事件的学习，不能只停留在历史学习层面，只记住它是以不平等条约修订为契机而结束的，还要再进一步深入思考关于歧视、人权以及珍惜生命等知识，通过历史和文化学习来引申出重要的道德价值一定会使青少年获益匪浅。

---

① 沉下桥：日本桥梁的一种，它与普通桥的区别是没有栏杆，在经常涨水的河沿、河床地带比较多见。水位正常时被作为普通的桥使用，水位上涨时就沉在水底。——译者注

另外，在这次海难事故的 4 年后，又发生了一次严重的海难事件：奥斯曼帝国使节团搭乘的"爱路途露露号"触礁爆炸后沉船，造成 500 多名人员死亡。当时和歌山县纪伊大岛的居民救助了 69 名生还者，他们将自己只有在特殊时期才吃的鸡都拿出来为受伤的人补充营养，尽他们的全部努力来帮助生还者。另外，这起事故发生后全国各地的人们也纷纷伸出援助之手，捐款捐物，并把他们送回土耳其。

这个故事一直被作为日本道德副读本中的重要资料而延续至今，在土耳其也是众人皆知、广为传颂的佳话。不过，在日本，它虽然一直是副读本中的内容，但是由于受一直以来的心理主义束缚，这个故事一直被作为体现"国际理解·亲善"等道德内容的资料。而且教材中还提出了"救助遇难人员时村民们的心情是怎样的"这一问题，通过对该问题的思考，让学生感受日本人的亲切、友爱、善良和勇气。同时，课文中还提出了"为什么土耳其人民至今为止还牢记此事"，可以看出，资料编写者的意图是想通过这个故事培养学生的尊敬之情。总之，是通过故事中主人公的内心活动来进行单方面推测的游戏而已。

描述整个事件之后，书中还设计了专门部分，让学生们谈谈对于这个故事的感想。将这个故事与怎样的话题联系在一起，完全依靠教师掌握学生实际情况的程度及其创造力。比如，不把该事件与个人内心活动联系起来，而是构想连续利用两个课时，把它作为历史、社会问题，进行跨学科的一种学习。

在两伊（伊朗、伊拉克）战争（1980—1988 年）期间，1985 年伊拉克总统萨达姆·侯赛因宣布，将击落 3 月 20 日凌晨 2 点（东京时间）之后飞行于德黑兰上空的任何飞机。该消息一出，各个国家都分别派出紧急救援飞机去解救自己国家的公民，只有日本没能派出自卫队飞机或者民用飞机进行救援，导致大约 200 名日本人滞留机场。如果我们对该事件进行分析，为什么其他国家可以做到而日本却做不到，是善还是恶，通过对该问题的思考，应该可以学习到关于日本政治和社会问题的内容。

众所周知，这件事情的结局是，为了救出滞留在机场的日本人，土

121

耳其航空公司的飞机前往伊朗的德黑兰，在凌晨 1 点之前将日本人送到土耳其国内进行暂时避难。土耳其航空公司为什么会这样做，几乎所有的日本人以及日本政府都不能理解，甚至当时的报纸还刊登了轻视土耳其该行为的报道，报道中说土耳其是出于对 ODA① 所提供资金的礼貌而采取了行动。后来，关于这件事情的原因，原来驻日土耳其大使曾这样说过：

> "爱路途露露"号发生事故的时候，大岛的人们和其他地方的日本人奋不顾身、舍己救人的精神和行动，这份感动土耳其人民至今都难以忘怀。我还是小学生的时候，就在历史书中学习过这件事，在土耳其连小孩子都知道这次海难事故，可能只有现在的日本人了解这件事。正是出于这个原因，土耳其航空飞机去救助了被困在德黑兰的日本人。

为什么日本人和日本政府不了解救援的真实原因，为什么新闻媒体又进行了错误的报道，在思考这些社会问题的同时，更应该考虑与这种社会问题息息相关的有关个人责任的态度问题。

我们发现，最近出现了对"爱路途露露号"海难事故以及后来发生的一系列事件进行美化的风潮。但是，我认为没有必要对这件事情进行美化甚至是夸大，只要向大家讲述事件的真实经过就可以了。概括来讲，该事件的大致脉络是，土耳其原本是要表达对 120 年前沉船事件的"报恩"之情而采取了救援行动，可是由于日本学校没有向学生教授这件发生于近代日本的事情，导致日本最权威的报纸撰文称土耳其是为了"金钱"的还礼。因为报纸进行了这样的报道，所以一般的民众就只会接受报纸所报道的内容。这就导致大多数的日本国民和青少年完全没有感受到土耳其人民对我们的"尊敬之情"。这种对基础性知识的欠缺会妨碍道德心的觉醒，这是一个足以证明国际理解被阻碍了的典型事例。

---

① ODA：全称为 Official Development Assistance，指政府开发援助机构。——译者注

实际上，这件事情之后还引发了下面的话题。如果把"爱路途露露号"海难事件与很有人气的体育活动结合起来，那么这样不仅能增强学生的好奇心，还能促使学生们集中精力，专注于课堂的内容。

2002 年日韩世界杯之际，"夺冠热门"日本在淘汰赛第一轮中与土耳其相遇，惨遭淘汰。比赛中，虽然大多数的球迷都在支持自己国家的球队，但是无论在日本还是土耳其都有同时为"两支队伍加油"的球迷。比赛结束第二天土耳其报纸上出现了这样的报道："不要哭泣，武士们，我们的心永远在一起"，报道中还写到，要带着日本队的那份力量继续比赛。但是，在面对这样的报道时，如果我们欠缺历史知识，对于土耳其人民作出这样的举动还是不能理解，就会导致该新闻报道的真正含义没办法准确传达给日本人。不仅如此，当时很多日本人还萌生了"也有不这样想的人"以及"土耳其人向日本人献媚"等想法。所以，如果学生具备历史知识储备，就能够体会这种行为背后的深层含义，也就能够从这些事件中学习到友情、感谢等道德价值观念，并有可能真实感受到国际情感，进而付诸实际行动。这里所强调的道德行为和国际情感不是要形成价值精神化的意识层面，而是要促使青少年在现实社会生活中能够秉持"感觉、思考、行动"的顺序。

这种课程展开方式对于一个主题一节课的传统道德课程来说完全行不通。也就是说，无论是"道德时间"还是"道德科"，它们的本质是相同的。我们不能只单纯着眼于道德课程，还必须把道德课作为学校全体课程中的一部分来进行思考。即加强道德课程内容与其他学科所教授知识之间的联系，在不妨碍各学科综合知识结构的基础上适当融入道德内容，同时还要确保各学科（国语科、地理科、公民科、理科、音乐科、家庭科、体育科等等）所学习知识在其他学科中也有所渗透，以此来进行补充式学习，甚至是更深入的学习。通过这种方式培养起来的应用知识能力，应该符合 OECD[①] 一直以来所提倡的学习能力，即可以灵活运用于各学科学

[①] OECD：经济合作与发展组织，日本于 1964 年（昭和三十九年）加入。——译者注

习,掌握开启知识大门的钥匙。

"热爱故乡和祖国"也都不应该作为抽象概念来倡导,而是应该通过"日本科"以自然的形式培养出青少年所必须具备的精神文化。如果只是将这些概念强加于人,就只能使青少年对故乡和祖国的那种热爱之情慢慢消失。

当然,这样做可能会导致我们美化自己的国家,骄傲自满,我认为这种结果与过度谦卑一样是不可避免的问题。因为,这种推动作用与一直以来对矫揉造作的道德资料进行活用的性质相同。另外,我们在看待日本的时候,不应该抱有狭隘的观点,从对国际异文化理解的视点出发十分重要。之所以这样说是因为无论是知识型社会还是信息化社会,任何歪曲事实的知识和信息都会立即败露。如果变成这样,教授知识的教师和这些道德价值内容本身都会成为被蔑视的对象。我确信即使不刻意地进行编排,《学习指导要领》中所涉及的那些道德价值内容(包括小学和初中在内共计 80 个内容项目,数量太多,有必要大幅删减)也都基本包含在具有悠久历史和传统的文化之中。

当然,正如之前反复陈述的那样,"日本科"的设想可能会遭到来自各方严厉的批判,诸如"这样不就是在培养狭隘的民主主义者吗?这种方式根本不能培养出活跃在全球化国际社会中的人",等等。但是,正因为当今社会是全球化的国际社会,所以学习我们自己创造培育的地方文化和国家文化,不是为了要向其他地区或国家的人们展示自满和傲慢,也不是要像犹太优秀学者(马斯洛和埃里克森等人)那样谋求隐秘的个人精神化,而是为了与那些通过缘分的纽带而连接在一起的人们在共同拥有的"和"文化中寻找到自己的生存方式。这一点具有十分重要的意义(可能从欧洲文明的角度来看,日本个体的确立还未成熟)。回顾历史便不难发现,日本文化在发展过程中势必会产生一些负面影响。比如,竞争激烈以及拜金主义盛行,独立性、主动性薄弱等问题在日本文化中都是确实存在的。

但是,即使承认这些负面因素和影响,我们也不能否认日本文化中所包含的闪光点和优秀内容,特别是所有文化的根源都包含爱和宽容等道德价值观念。其中，作为日本文化基础的"雄壮"和"温柔"两个方面，都包含着"顺应"大自然的精神观念。关于这一点从前面提到的"惟神之道"就可以窥见一斑。但不幸的是，日本文化与那些流浪民族和国家的文化并不相同。日本作为处于温带季风气候带的一个岛国，不断接受和吸收其他国家的宗教与文化并对其进行加工，从而整合并创造出新文化，同时，通过长期的继承和发展，日本逐渐形成了独具特色的文化形式。正是因为如此，对于日本人来说积极思考如何将这些文化财富作为日本道德教育的素材具有重要意义。所以，我认为如果将与日本人特征相符的道德要素以生动的形式有机融汇在日本文化之中，那么教师和学生就能够满怀自豪感和好奇心地去发现这些要素。总之，这样的课堂与那种一味灌输特定道德价值的课堂不同，它能够使人真实地感受到文化中所蕴含的道德价值，同时，教师也能够借此体会到教授知识的乐趣。这也就意味着将日本固有的文化编写进教材并不是为了进行道德教育而强制进行的，而是如NIE教育所说的那样，完全是在教师和学生的学习活动中共同努力创造的教材。

另外，通过这种融入日本文化的教材来进行授课，也会使学生受益匪浅。像第二次世界大战以前修身科的教科书一样，即使不直接告诉学生"日本，是世界上的国家"，也会让他们无形之中从日本文化中感受到自己作为日本人的骄傲和自豪。同时，在面对纷繁复杂的世界形势时，青少年应从对日本文化扬长避短的宏观视野出发，去探究个人的微观生存方式。正因为如此，这样的日本文化（包含地方文化在内）不是指狭隘的民族主义，而是把国际化、多文化的视点放在心里；不是中央集权式的统一规定，而是制定符合每个地方和学校实际情况的内容。

当然，这里所构想的"日本科"，虽然是作为取代"道德时间"而提出的设想，但是从与学校课程改革的关联性来说，它的提出不仅与"综合学习时间"密切相关，还是解决"道德时间"与"综合学习时间"统一问题的有效办法。总之，作为实施道德教育核心的"日本科"，在每周一课时"道德时间"的基础上至少还应再加上一课时的"综合学习时间"作为

125

补充。

因此，"日本科"的构想是以学习道德项目为主的道德教育模式复活的第一步，它与偏重于"道德时间"、过度依赖心理主义的做法不同。如果"日本科"的设想能够成为改善我国道德教育和道德课程现状的契机，我的写作意图就完全达到了。在这里只希望借此机会，在实施道德教育的主要场所——学校，通过透彻观察学校道德教育以及其他所有课程的形式，使大家的观念发生转变，推动针对全新道德教育改革方案的讨论。即使在探讨过程中"日本科"的构想遭到批判，或者是出现其他新名称取代了"日本科"，也不会影响此设想推动道德教育改革的实际意义。

在学校中通用的教学理论应该由长期"战斗"在教育工作第一线的学校教师来创造。不是说大学的研究者们不能创造出这些理论，而是理论不该产生在大学。学校的教师将那些完全脱离教育实践的大学研究者们所提出的计划和训练奉为金科玉律，盲目追随，甚至对其产生依赖，难道不就成为这些金科玉律的信徒了吗？越是对道德教育热衷的学校教师，越是会盲目、执拗地追随这些理论和观点。归根结底，大学研究者们所提出的方案，当然也包括笔者的提案在内，都应该作为处于一线实践之中教师们的参考资料之一。在此基础上，每一位教师特别是具有专业技能的高水平教师，需要通过日积月累的道德实践创造出自己独特的新理论，在各个教育现场的课程研究会上与其他教师交换意见，进行讨论，从而开展越来越适合道德教育现状的实践活动。

特别是日本，道德教育推进者和教育行政机关希望教师将"如果教师感觉不到快乐的话，那么学生也不会感到快乐"，"如果教师没有好奇心的话，学生也不会有好奇心"，"如果教师不成长的话，学生也不会成长"，"如果教师不精神满满，学生也会倦怠"这些内容铭记在心。我认为，在教育第一线的课堂上，不能只维持现有状态，也不能只为了适应现代社会去养成内化的道德品性，而是要以构建全新的可持续性发展社会为宗旨，养成"感知、思考、行动"这种积极且富有创造性的道德教育。我期待这一天尽早到来。

附　录

一、用语篇

道德

《广辞苑》第 6 版中规定：道德是一定社会、一定阶级提出的作为判断人与社会、人与人之间行为好坏基本准则的行为规范的总和。道德与具有强制外在约束力的法律不同，它依靠人们内心的自觉来维持。

《大辞林》中规定：道德是在某一社会中，人们用以判断善恶、正义与邪恶，并以此来端正行为、维护社会秩序的规范的总和。与具有强制外在约束力的法律不同，道德的基本原理依靠人们的自觉性，或者说，道德只是界定了人与人之间关系，而不是非宗教的超越者的关系。

将词语分开进行解释，《辞海》中定义如下："道"是指事物运行时所必须遵行的普遍规律；"德"是指在遵守"道"时所得到的东西。近代以来，日本也开始广泛使用由欧洲语言（英语中的 moral，德语中的 Moral，法语中的 morale）翻译而来的"道德"定义。这些词语由拉丁语的 moralis 演变而来，moralis 的词源是拉丁语中词义为"习惯"的 mos 的复数形式 mores。

道德与伦理

日本广泛使用的"伦理"一词源自欧洲语言（英语 ethics，德语中的

Ethik，法语中的 ethique)，这些词语又源自拉丁语 ethos，意为群体或民族的"习惯"或者"习俗"。

"道德"与"伦理"从词源来看极其相似，所以经常被作为近义词使用。但是，如果对两个词进行严格区分的话，"道德"一词包含实践层面的含义，而"伦理"一词则更注重理论和原理。

道德与法

学术界对于道德与法律二者之间的关系看法不一，当然，"法"本身的定义就纷繁多样。本书尝试对二者的区别进行简单说明，与具有外在规范性质的"法"不同的是，"道德"属于内在规范。另外，作为社会生活中任何人都必须严格遵守的"法"，规定起来非常容易，而"道德"相对复杂，因为它既包含现实的内容，也包含很多理想化的内容。

道德与宗教

一直以来道德和宗教都紧密相连，拥有不同世界观的人们对二者的关系也有不同看法。古时候（尤其是那时的西洋）人们所认同的道德内容都源于他们所信仰的宗教。现在仍然如此，人们通过宗教所追求的是有限现实世界中的快感、便利和荣誉。对于在宗教中寻找不到"生存意义"的人来说，宗教与他们无缘甚至可能让他们觉得碍事，但是对于那些拥有宗教信仰的人来说，他们始终坚信道德的基础和前提是宗教。康德（1724—1804 年）也曾指出，他虽然一直倡导和强调自律主义道德的重要性，但作为理性理想的最崇高的善是由神完成的。总之，宗教在道德之上。如果将两者进行区分，普遍的解释为：道德是尝试追求利用更好的相处方式来处理现实生活中人与人之间的关系；而宗教是尝试追求利用更好的相处方式来处理远远超越现实世界的神（佛）与人的关系。

道德与科学

科学是指人类认识自然的体系。因此，科学是对"为什么这样做"的原理进行解释和说明，或者说科学是因果关系的自然法则，并且在现有知识体系基础上不断提出新知识、新观点。科学正是通过这样的循环反复，才得以不断向前发展。科学发展的基础是对于自然秩序的绝对信任，同时，我们不难发现对于掌控自然秩序的人类的知识和理性也要无限信任。正是在这种信任之下，科学也随着时代的变化而不断变化。

朝永振一郎对于科学的特征曾作出如下概括："关于科学，不能对其进行好与坏的评价，我并不反对'科学的使用目的和使用方法存在一定问题'的说法，但是，我们很难将科学本身与科学的使用进行明确区分。当然，科学本身也含有'毒'，那么这种'毒'的解药是什么呢？如果人们必须要找到有'毒'科学的解药，那就不能肆无忌惮地使用科学，而是必须警示人们将科学所带来的副作用降到最小。"（《朝永振一郎著作集·科学与人类》，みすず书房，1982 年）

我认为朝永先生所阐述的"有毒科学的解药"和"对科学起到警示作用的事物"就是道德。如果我们把科学比作"车"，那么道德就相当于"车"的"方向盘"或者"刹车"。

道德与信息

伴随着信息化的不断进步与发展，它对社会的影响正在逐渐变大。在应对这些影响和变化时，道德发挥着不可或缺的作用。这种道德通常被称为"信息化道德"。在道德与信息的关系中，为了明确提供方的责任和接受方的责任，道德价值变得更为重要。

道德价值与道德项目

道德价值是指与所期望的生存方式和行为举止息息相关的价值；道德项目是将道德价值进行分类和细化后的具体内容项目。

道德性

狭义上，"道德性"一词是指康德所提出的伦理学用语"Moralitat"。道德性有别于合法性，合法性是指在行动时从形式上遵循道德法则，而道德性是指从内心尊重道德法则进而行动。另外，黑格尔（1770—1831年）也曾经指出，道德性是尊崇于良心的个人的、主观的事物，它与体现家庭、社会、国家的社会性伦理"Sittlichkeit"（教化）一词不同。

现在日本普遍使用的是广义的"道德性"一词，即"道德性是指将以人类本来的或者更好的生存方式为目标的道德行为演变为人们可能形成的人格或者品质，它是人格养成的基础"（《小学学习指导要领解说·道德篇》）。

另外，有关道德性的研究，大致分为两种不同视角。一种是道德性是否等同于发自内心的自觉性，另外一种是道德性是否等同于道德意识和道德行为综合体。《学习指导要领》的主张是前者。

道德实践与道德实践力

道德实践是指外在素质，而道德实践力恰恰相反，它是指内在素质。因此，外在的道德实践是内在的道德实践力的基础。换句话说，将道德实践付诸行动的"力"并不是道德实践力，引导人们去进行道德实践的"力"才是道德实践力。道德实践力的养成能够更好地实现道德实践，同样，通过反复实现道德实践的过程也会进一步强化道德实践力。总之，道德教育是将道德实践与道德实践力紧密结合，进而养成健全的道德品性。

开放式道德与封闭式道德

柏格森（1859—1941 年）曾经指出，宗教有静态宗教与动态宗教之分，社会有封闭型社会与开放型社会之分，同样道德也有开放式道德与封闭式道德之分。所谓封闭式道德，是指为了维持社会稳定而对习惯进行统一规定，也就是说，人们所承担的义务和责任是固定的，甚至很久都不会发生变化。因此，封闭式道德比较容易形成固定模式。与此相对应的开放式道德具有无法抗拒的流动性和不确定性特征，是特定环境下由特定人物所孕育的具有创造性的道德。因此，开放式道德具有两面性，即在创造全新社会和规律的同时，破坏了现存的既定的社会和规律。日本道德教育中的道德是指前者，即封闭式道德。

二、资料篇

说明：由于原著卷末资料比较陈旧，征得作者吉田武男教授同意后，并未完全收录，只收录部分。翻译过程中省略了卷末资料（1）—（6）、（8）—（9），具体分别为：卷末资料（1）第 1 期国定修身教科书、卷末资料（2）第 2 期国定修身教科书、卷末资料（3）第 3 期国定修身教科书、卷末资料（4）第 4 期国定修身教科书、卷末资料（5）第 5 期国定修身教科书、卷末资料（6）寻五的文化系统方案、卷末资料（8）心灵笔记、卷末资料（9）学习教案范例。

卷末资料（7）：教育基本法（新旧对照表）

改正前后的教育基本法比较

修订后的教育基本法 （平成十八年法律第 120 号）	修订前的教育基本法 （昭和二十二年法律第 25 号）
前言 我们日本国民期望，在进一步发展经过坚持不懈的努力而构筑起来的民主的、文化的国家的同时，为世界的和平和人类福祉的提高作出贡献。 为了实现这样的理想，我们期望：培养尊重个人尊严，追求真理与正义，尊重公共精神，具备丰富的人性与创造性的高素质国民。推进以继承传统和创新文化为目标的教育。 在此，我们依照《日本国宪法》的精神，为了确立开拓我国未来的教育的基础，谋求教育的振兴，而制定本法。	我们刚刚颁布了《日本国宪法》，表明了建设民主的、文明的国家，为世界和平与人类福祉作出贡献的理想。为了实现这一远大理想，必须依靠教育的力量。 我们期待能够培养出尊重个人尊严、追求真理与和平的日本人。同时，我们必须彻底普及以创造个性和丰富文化为目标的大众教育。 在此，我们依照《日本国宪法》精神，明确教育的目的，为了确立全新日本教育的基础，而制定本法。
第一章　教育目标及理念 **第一条　（教育的目的）** 教育必须以完善人格为目标，要培养作为和平民主国家和社会的建设者必须具备的基本素质，要培养身心健康发展的国民。	**第一条　（教育的目的）** 教育必须以完善人格为目标，期望培养作为和平国家和社会的建设者，热爱真理和正义、尊重个人价值、重视劳动和责任、充满独立自主精神的身心健康的国民。
（教育的目标） **第二条** 教育为了实现其目的，要尊重学术自由，实现下列目标： 一、掌握广泛的知识，形成良好的教养，培养追求真理的态度，培养丰富的情操和道德情感。同时，培养健康的身体。 二、尊重个人的价值，发展其能力，培养创造性，培养自主和自律的精神。同时，重视职业和生活的联系，培养尊重	**第二条　（教育的方针）** 必须利用一切机会和所有场合来实现教育目的，必须通过尊重学术自由，贴近生活实际，培养主动精神，互相尊敬和合作，努力为创造和发展文化作出贡献。

修订后的教育基本法 （平成十八年法律第 120 号）	修订前的教育基本法 （昭和二十二年法律第 25 号）
劳动的态度。 三、尊重正义与责任、男女平等、爱惜自己和他人、相互合作。同时，基于公共精神，培养积极地参与社会建设并为其发展作出贡献的态度。 四、培养尊重生命、爱护自然、为环境保护做贡献的态度。 五、尊重传统和文化，热爱孕育出优秀传统和文化的祖国和家乡。同时，尊重其他国家，培养为国际社会的和平与发展做贡献的态度。	
（终身学习理念） **第三条** 每一个国民为了磨砺自己的人格，度过丰富的人生，必须在一生中，利用所有的机会，在所有的场所进行学习，谋求实现能适当发挥其学习成果的社会。	（新设）
（教育机会均等） **第四条** 1. 所有国民都具有平等地接受适应其能力的教育的机会，不得因人种、信仰、性别、社会身份、经济地位或门第的不同，而在教育上受到歧视。 2. 国家和地方公共团体应该根据残疾人的个人情况，采取必要的教育支持措施保障他们能够接受相应的教育。 3. 国家和地方公共团体对于尽管有能力但因经济原因而就学困难的人，必须采取就学奖励措施。	**第三条　（教育机会均等）** 1. 所有国民都具有平等地接受适应其能力的教育的机会，不得因人种、信仰、性别、社会身份、经济地位或门第的不同，而在教育上受到歧视。 （新设） 2. 国家和地方公共团体对于尽管有能力但因经济原因而就学困难的人，必须采取就学奖励方法。
教育实施的基本 **（义务教育）** **第五条** 1. 除了法律特别规定以外，国民有使其监护的孩子接受普通教育的义务。 2. 作为义务教育实行的普通教育是为了发展适应个人的能力，同时培养其在社会上自立生存能力的基础。其次，普通	**第四条　（义务教育）** 1. 国民有使其监护的子女接受九年普通义务教育的任务。 2. 国家、地方公共团体有开设学校、执行义务教育的义务，义务教育不征收学费。

修订后的教育基本法 （平成十八年法律第 120 号）	修订前的教育基本法 （昭和二十二年法律第 25 号）
教育的实施以培养作为国家及社会的构建者所必备的基本素质为目的。 3.为了保障义务教育机会、确保义务教育水平，国家以及地方公共团体在义务教育的实施过程中负有相互合作，共同分担适当任务的义务。 4.国家及公共团体设置的学校在实施义务教育时，免收学费。 （删除）	第五条 （男女同校） 男女必须互尊互敬，共同协作。因此，必须承认教育上的男女同校。
（学校教育） 第六条 1.法律所规定的学校具有公共性质，所以，只有国家、地方公共团体和法律规定的法人可以开设学校。 2.前款所规定的学校为了实现教育的目标，必须适应受教育者的身心发展特征，有组织地实施系统的教育。在此情况下，受教育者必须遵守学校纪律，必须重视提高主动学习的积极性。 作为"教员第九条"单独记述。	第六条 （学校教育） 1.法律所规定的学校具有公共性质，所以，只有国家、地方公共团体和法律规定的法人可以开设学校。 （新设） 2.法律所承认的学校教师都是为全体国民服务的，教师要自觉地对待自己的使命并努力履行自己的责任。为此，教师的地位应得到尊重，并给予其适当的待遇。
（大学） 第七条 1.大学作为学术中心，一方面培养较高的教养与专门能力；另一方面，探究深奥的真理，创新知识，并将其成果提供给社会，以此为社会的发展作出贡献。 2.大学必须具有自主性、自律性，必须尊重其他大学的教育与特点。	（新设）
私立学校 第八条 鉴于私立学校具有公共性质和在学校教育中发挥着重要作用，国家以及地方公共团体必须尊重其自主性，采取适当的方法促进私立学校教育的振兴。	（新设）

修订后的教育基本法 （平成十八年法律第 120 号）	修订前的教育基本法 （昭和二十二年法律第 25 号）
（教师） **第九条** 1.法律所规定的学校的教师必须深刻认识到自己的崇高使命，<u>不断地刻苦研究和提高自身修养</u>，努力履行自己的职责。 2.对于前款所规定的教师，鉴于其使命和职责的重要性，其身份要受到尊重，待遇要公正。同时，<u>必须充实教师培养与研修</u>。	2.法律所承认的学校教师都是为全体国民服务的，教师要自觉地对待自己的使命并努力完成自己的责任。为此，教师的地位应得到尊重，并给予其适当的待遇。
（家庭教育） **第十条** 1.父母及其他监护人担负着子女第一任教师的重任。为了子女的生活，必须培养他们养成良好的习惯，同时必须努力培养他们的自立精神，谋求身心和谐发展。 2.国家及地方公共团体必须尊重家庭教育的自主性，努力采取必要的措施援助监护人的家庭教育，比如向其提供学习机会和信息等。	（新设）
（幼儿期教育） **第十一条** 鉴于幼儿期教育在培养完善的毕生人格基础方面发挥着重要作用，国家及地方公共团体必须为儿童的健康成长提供良好的环境与设备，并采取适当的方法努力振兴幼儿期的教育。	（新设）
（社会教育） **第十二条** 1.国家以及地方公共团体必须鼓励适应个人期望和社会需求的社会教育。 2.国家及地方公共团体必须通过设立图书馆、博物馆、公民馆及其他的社会教育设施，并利用学校的设施，为居民提供学习机会和信息，并采用恰当的方法努力振兴社会教育。	**第七条　（社会教育）** 1.国家以及地方公共团体必须鼓励适应个人期望和社会需求的社会教育。 2.国家及地方公共团体通过设立图书馆、博物馆、公民馆等设施，利用学校的设施及其他适合的办法，来实现教育目的。

修订后的教育基本法 （平成十八年法律第 120 号）	修订前的教育基本法 （昭和二十二年法律第 25 号）
（学校、家庭以及社区居民等的相互联合协作） **第十三条** 学校、家庭以及社区居民要在认识各自在教育上的作用和责任的同时，致力于相互联合和协作。	（新设）
（政治教育） **第十四条** 1. 作为具有健全判断力的公民所必需的政治修养，必须在教育上得到尊重。 2. 法律所规定的学校不得进行支持或反对特定政党的政治教育及其他政治活动。	**（政治教育）** 1. 教育必须尊重作为有健全判断能力的公民所必需的政治教养。 2. 法律所确认的学校，不许支持特定政党或为反对这一政党而从事政治教育以及其他政治活动。
（宗教教育） **第十五条** 1. 对宗教的宽容态度，关于宗教在社会生活中的地位，必须在教育上得到尊重。 2. 国家以及地方公共团体开设的学校不得进行面向特定宗教的宗教教育及其他宗教活动。	**第九条（宗教教育）** 1. 对宗教的宽容态度，关于宗教在社会生活中的地位，必须在教育上得到尊重。 2. 国家及地方公共团体开办的学校，不得为特定的宗教搞宗教教育和其他宗教活动。
第三章　教育行政 **（教育行政）** **第十六条** 1. 教育不服从不正当的支配，<u>应当根据本法及其他法律的规定来进行。教育行政必须在国家及地方公共团体分担适当的职责和相互合作之下，公正且适当地进行。</u>	**第十条　（教育行政）** 1. 教育不应服从不正当的领导，而应该直接向全体国民负责。 2. <u>教育行政必须在国家及地方公共团体分担适当的职责和相互合作之下，公正且适当地进行。</u>
2. 国家为了谋求全国性的教育机会均等以及维持、提高教育水平，必须综合性地制定和实施关于教育的政策措施。	（新设）
3. 地方公共团体为了谋求其区域内的教育振兴，必须制定和实施符合本地实际情况的相关教育政策措施。	（新设）
4. 国家及地方公共团体为了使教育顺利、持续地开展，必须采取必要的财政措施。	（新设）

修订后的教育基本法 （平成十八年法律第 120 号）	修订前的教育基本法 （昭和二十二年法律第 25 号）
（教育振兴基本计划） **第十七条** 1. 政府为了谋求综合性地、有计划性地推行教育振兴对策，必须就教育振兴对策的基本方针和应采取的措施以及其他必要的事项，制定基本计划，并向国会报告，同时予以公布。	（新设）
2. 地方公共团体必须努力参照上述计划，制定适合本地区实际情况的关于教育振兴措施的基本计划。	（新设）
第四章　法令的制定 **第十八条**　为了实施本法所规定的各项条款，必须制定必要的法令。	**第十一条　（补充条款）** 为实现本法所规定的条款，必要时要制定适当的法令。

（资料出处：文部科学省教育基本法资料室译者译）

卷末资料（10）:《小学学习指导要领》（平成二十年 3 月公布）摘录

第一章　总　则

一、教育课程制定的基本方针

2. 学校道德教育以"道德时间"为主，通过学校全部教育活动来进行。即以"道德时间"所进行的道德教育内容为核心，在充分考虑学生身心基本特征的前提下，根据各学科、外语活动、综合学习时间以及特别活动各自的特点来进行适当指导。

道德教育的目标是依据教育基本法和学校教育法所规定的教育之根本精神，培养学生将尊重人的精神与对生命的畏敬之念活用于家庭、学校及其他社会生活中，具有丰富的内心情感，尊重传统和文化，热爱在这样的传统文化之中孕育而生的祖国和家乡，努力创造个性丰富的文化，尊重公共精神，为发展民主的社会和国家而努力，尊重其他国家，为和平的国际社会和环境保护作出贡献，并具有主动开拓未来的日本人的道德品性。

道德教育的推进是在不断加深教师与学生以及学生之间紧密联系的同时，加深他们对自己未来的思考。同时，要加强家庭同社区、社会之间的相互连携，通过集体合宿、志愿者活动、大自然体验活动等丰富多彩的形式来内化学生的道德品性。在这种内化过程中，必须要重视培养他们养成自己的生活习惯，引导他们自觉遵守社会生活准则，能够判断善恶，不该做的事情一定不要做。

第三章　道　德

一、目标

道德教育的目标，根据第一章"总则"中第一部分第二条中所指出的，通过学校全部教育活动，培养小学生的道德情感、道德判断力、道德实践的意愿和态度等道德品性。

根据上述道德教育目标，"道德时间"是对各学科、外语活动、综合学习时间以及特别活动中所进行的道德教育的补充、深化和统合。在"道德时间"中，教师对学生进行有计划性的指导，以此来提高学生主动思考道德价值的能力，加深他们对自己生活方式的认识，养成道德实践能力。

二、内容

以"道德时间"为主，通过学校全部教育活动来进行的道德教育内容如下：

（一）一年级和二年级

1.有关自己的内容

（1）注意健康和安全，珍惜身边事物和金钱，整理好自己的东西，不任性，生活起居有规律。

（2）无论是学习还是工作，要认真做好自己该做的事情。

（3）能够区分好的事情与坏的事情，只要认为是好的事情，就要好好地做。

（4）不说谎，不敷衍了事，诚实、愉快地生活。

2.有关他人的内容

（1）愉快地与别人打招呼，言行举止适当，开朗愉快。

（2）对身边比自己年幼的孩子和老人亲切、和善。

（3）对朋友友善，互相帮助。

（4）感谢日常生活中帮助和照顾自己的人们。

3.有关自然及崇高事物的内容

（1）珍爱生命，珍惜自己生活的每一天。

（2）喜欢自己周围的环境，热爱大自然，友善对待动植物。

（3）接触美好的事物，心情愉快。

4.有关集体和社会的内容

（1）爱惜公物，遵守约定和规则。

（2）热爱劳动，乐于奉献。

（3）尊敬和爱戴祖父母、父母，主动帮忙做家务，为自己作为家庭中不可或缺的一员感到高兴。

（4）尊敬师长，与人友好相处，乐于参加学校和年级组织的集体活动。

（5）喜爱家乡文化和生活，对家乡抱有留恋之情。

（二）三年级和四年级

1.有关自己的内容

（1）自己能做的事情自己做，认真思考后再行动，生活有节制。

（2）自己决定要做的事情必须做好，要有毅力和恒心，坚持完成。

（3）认为是正确的事情，要有勇气去做。

（4）认真改正过去的错误，正直、开朗、朝气蓬勃地生活。

（5）要保持自己独有的特点，发挥自身优长。

2. 有关他人的内容

(1) 懂得礼仪的重要性，真心实意对待每一个人。

(2) 体谅和关心别人，待人亲切。

(3) 与朋友互相理解、互相信赖、互相关心。

(4) 对抚养自己的人和长辈怀有尊敬和感激之情。

3. 有关自然及崇高事物的内容

(1) 对生命抱有尊敬之心，珍爱生命。

(2) 感动于大自然的伟大与神秘，热爱大自然，友善对待动植物。

(3) 对美丽和高雅的事物抱有感动之心。

4. 有关集体和社会的内容

(1) 遵守约定和社会规则，有公德心。

(2) 懂得劳动的重要性，主动参与劳动。

(3) 尊敬和爱戴父母、祖父母，与家人合作，为建立快乐的家庭而努力。

(4) 尊敬师长和他人，与大家合作，为建立快乐的班集体而努力。

(5) 珍惜家乡的传统和文化，热爱家乡。

(6) 喜爱祖国文化和传统，热爱祖国，培养对外国人和外国文化的兴趣。

（三）五年级和六年级

1. 有关自己的内容

(1) 养成良好生活习惯，改正自己的不良生活习惯，做事有节制，不过分。

(2) 树立更高的目标，怀揣希望和勇气，坚定不移地为达到目标而努力。

(3) 珍爱自由，为自己的行动负责任。

(4) 诚实、不说谎，不敷衍了事，愉快地生活。

(5) 追求真理，主动创新，努力使自己的生活过得更好。

(6) 了解自己的优缺点，发扬优点，改正缺点。

2.有关他人的内容

（1）待人接物懂得分时间、场合，对人有礼貌，要真诚。

（2）体谅和关心别人，能设身处地为他人着想，与人为善。

（3）与朋友互相信赖，在相互学习中加深友情，男女同学友好相处，互相合作，互相帮助。

（4）谦虚谨慎，宽容大度，尊重与自己持有不同观点和立场的人。

（5）感谢日常生活中帮助和支持过自己的人，感恩，懂得回报。

3.有关自然及崇高事物的内容

（1）懂得生命宝贵，尊重自己和他人的生命。

（2）懂得大自然的伟大，爱护自然环境。

（3）对美好的事物抱有感激之情，对超越人类力量的事物有敬畏之心。

4.有关集体和社会的内容

（1）有公德心，遵守法律和社会规则，尊重自己和他人的权利，主动尽义务。

（2）对待任何人都一视同仁，做到公平、公正，为实现正义而努力。

（3）主动加入集体，自觉发挥自己在集体中的作用，同其他人协作，尽力完成自己的任务。

（4）理解劳动的意义，为自己能够为社会服务而感到喜悦，愿为公共事业作出自己的贡献。

（5）尊敬和爱戴父母、祖父母，希望家庭幸福，并为家庭幸福主动发挥自己的作用。

（6）尊敬和热爱老师以及他人，与大家团结合作，为树立良好的校风而努力。

（7）珍惜家乡和祖国的文化传统，了解前人创造的成就，热爱家乡和祖国。

（8）尊重外国友人和外国文化，具有作为日本人的觉悟，对世界人民友好亲善。

三、教学计划的制定以及具体内容

1. 为了在各级学校推进由校长领导，以担任推进道德教育的主要教师（以下简称为"道德教育推进教师"）为核心，全体教师互相协作的道德教育模式的展开，文部科学省规定每个学校必须制定道德教育年度计划和"道德时间"年度计划，具体内容如下：

（1）在制定道德教育年度计划时，需要重视"道德时间"与学校全部教育活动之间的联合协作，根据小学生、学校以及社区的实际情况来设定学校道德教育的重点目标。同时，在计划中要注意与前面第二部分的道德教育内容相关的各学科、外语活动、综合学习时间以及特别活动的指导内容联系起来，详细阐述学校与家庭、社会共同协作的具体方法。

（2）在制定"道德时间"年度教学计划时，应根据学校道德教育的整体计划，考虑"道德时间"与各学科、外语活动、综合学习时间以及特别活动之间的关联性，力求进行有计划、连贯性的教学指导。在指导过程中，要根据第二部分所规定的每两个学年的不同内容重点进行相应指导。但是，要以第二部分所规定各学年内容为主进行充分指导，同时，在必要情况下要结合其他学年的内容，争取使各学年之间的内容不脱节。

（3）各学校要通过对不同学年的指导，来培养小学生的自立、自律以及尊重自己和他人生命的意识。同时，根据小学生不同发展阶段的不同特点制定重点指导内容。特别需要注意以下几点：低年级，注重培养该阶段学生的基本生活习惯、遵守社会基本规则的意识以及判断善恶的能力，即让他们懂得什么事情该做，什么事情不该做；中年级，注重培养该阶段学生遵守集体和社会规则的意识，学会与身边人进行合作，互相帮助；高年级，培养自立性以及作为国家、社会一员的自觉性等。此外，在高学年，要进一步加强该阶段学生对遵守法律和社会规则意义的理解，学会站在对方的立场思考问题，理解他人，支持他人。引导小学生主动思考自己在集体中的作用和意义，以及作为国家和社会一员应该履行的职责和义务，要根据高年级学生的身心特点和学校的实际情况进行相应指导。另外，针对高年级学生的烦恼、不安、人际关系等心理问题，采取积极措施，加强指导。

2. 第二部分中所规定的道德内容，主要为了培养小学生养成道德品性的主动性。以"道德时间"为主，根据各学科、外语活动、综合学习时间以及特别活动各自的基本特征来进行适当指导。并且，在指导过程中要让小学生切身感受到自己的成长，这将是道德教育下一步要努力解决的课题。

3. 在"道德时间"指导中的注意事项

（1）小学道德教育原则上以道德教育推进教师为主导，校长、教导主任以及其他教师协助进行指导。

（2）通过集体旅行活动、志愿者活动以及大自然体验活动等形式，针对小学生身心特征进行有创造性的指导。

（3）开发能够让小学生铭记感动的有特色的教材，比如选取名人传记、自然、传统和文化、体育等作为题材，充分根据小学生的身心特征进行有创造性的指导。

（4）首先让小学生自己思考，再与他人讨论，通过与自己意见不同的人进行交流来加深自己的思考，进一步充实自己的成长。

（5）要充分考虑小学生的身心特征，在与第二部分所示内容紧密联系的基础上，进行与信息化道德教育相关的指导。

4. 推进道德教育发展时，应在创造良好的学校环境以及和谐的班级内部人际关系的基础上，注重学校道德教育的内容在小学生日常生活中的灵活运用。同时，开放"道德时间"课程，在课程实施以及地方教材开发等方面，争取得到学生家长以及社区其他人的积极参与和支持，加深其对学校与家庭、社区之间紧密联系的共同理解，增进对建立联合协作必要性的认识。

5. 在小学生道德品性养成方面，要根据小学生的实际情况进行指导，但是，在"道德时间"中不得对学生进行道德量化评价。

卷末资料（11）：《中学学习指导要领》（平成二十年3月公布）摘录

第一章　总　则

一、教育课程制定的基本方针

学校道德教育以"道德时间"为主，通过学校全部教育活动来进行。即以"道德时间"所进行的道德教育内容为核心，根据各学科、综合学习时间以及特别活动各自的基本特征来进行适当指导。

道德教育的目标是依据教育基本法和学校教育法所规定的教育之根本精神，培养学生将尊重人的精神与对生命的敬畏之念活用于家庭、学校以及其他社会生活中，具有丰富的内心情感，尊重传统和文化，热爱在这样的传统文化之中孕育而生的祖国和家乡，努力创造个性丰富的文化，尊重公共精神，为发展民主的社会和国家而努力，尊重其他国家，为和平的国际社会和环境保护作出贡献，并具有主动开拓未来的日本人的道德品性。

推进道德教育是为了不断加深教师与学生以及学生与学生之间紧密联系。同时，培养学生自觉遵守作为人类生存基本准则的道德价值观念的意识。在这一推进过程中，还要加强家庭同社区、社会之间的相互联合协作，通过职场体验、志愿者、自然体验等丰富多彩的活动形式来内化学生们的道德品性。并且在这种内化过程中，要重视培养他们作为国际社会一员的合格日本人的自觉意识，即要重视培养他们尊重自己和他人生命的品格，要有规律地生活，要充分为自己的未来考虑，加深对法律以及社会规则意义的理解。

第三章　道　德

一、目标

　　道德教育的目标，根据第一章"总则"中第一部分第二条中所指出的，是通过学校全部教育活动，培养中学生的道德情感、道德判断力、道德实践的意愿和态度等道德品性。

　　根据上述道德教育目标，"道德时间"是对各学科、外语活动、综合学习时间以及特别活动中所进行的道德教育的补充、深化和统合。在"道德时间"中，教师对学生进行有计划性的指导，以此来提高学生主动思考道德价值的能力，加深他们对自己生活方式的认识，养成道德实践能力。

二、内容

　　以"道德时间"为主，通过学校全部教育活动来进行的道德教育内容如下：

　　1.有关自己的内容

　　（1）培养良好的生活习惯，增进身心健康，生活协调，有节制。

　　（2）怀着希望和勇气，向着更高的目标，坚忍不拔、意志坚定地努力。

　　（3）重视自律精神，能够自主思考，并将自己的想法付诸实践，能对行为的结果负责。

　　（4）追求真理，为了实现自己的理想而不断开拓人生。

　　（5）审视自己，争取不断提高自己，发挥自己的个性，追求真实的生活方式。

　　2.有关他人的内容

　　（1）理解礼仪的意义，懂得分时间和场合待人接物，行为举止适当。

　　（2）加深对人与人之间温暖的爱的理解，对他人抱有感激之心，能体谅和关心别人。

　　（3）要懂得友情珍贵，结交真心可以信赖的朋友，与朋友互相鼓励，共同进步。

（4）加深对异性的正确理解，尊重对方的人格。

（5）尊重他人的个性和立场，理解不同的观点，虚心向他人学习，具有宽广的胸怀。

3. 有关自然及崇高事物的内容

（1）理解生命的珍贵，尊重自己以及他人的宝贵生命。

（2）具有爱护大自然，为美好事物所感动的丰富内心，加深对超越人类能力事物的敬畏之情。

（3）具有能够克服弱点、缺点的毅力和崇高的精神，努力去发现生命存在的快乐。

4. 有关集体和社会内容

（1）理解法律和规则的意义，在遵守法律和规则的同时，尊重自己和他人的权利，确实履行自己的义务，为提高社会秩序和规律而努力。

（2）遵守公共道德，提高社会各界团结、合作的自觉性，为建设更好的社会而努力。

（3）具有正义感，对人公正、公平，为实现无差别、无偏见的社会而努力。

（4）加深对于各种集体存在意义的理解，认识到自己在集体中的作用和责任，努力构建和谐的集体生活。

（5）尊重劳动并理解劳动的意义，要有奉献精神，为公共福利和社会的发展而努力。

（6）加深对父母、祖父母的尊敬之情，自己作为家庭中的一员，应该自觉为建立充实的家庭生活而努力。

（7）加强自己作为班级和学校一员的自觉性，加深对老师和学校其他成员的尊敬和热爱，与大家一同合作，为建立更好的校风而努力。

（8）加强自己作为社区一员的自觉性，热爱家乡，尊敬和感谢为社会发展作出贡献的前辈和长辈，努力为家乡的发展做贡献。

（9）加强自己作为日本国民的自觉性，热爱祖国，为国家的发展尽心尽力，并为继承优良传统和创造全新文化作出贡献。

（10）加强自己作为世界一员的自觉性，放眼全球，努力为世界和平和人类的幸福作出自己的贡献。

三、教学计划的制定以及具体内容

1. 为了在各级学校推进由校长领导，以担任推进道德教育的主要教师（以下简称为"道德教育推进教师"）为核心，全体教师互相协作的道德教育模式的展开，文部科学省规定每个学校必须制定道德教育年度计划和"道德时间"年度计划，具体内容如下：

（1）在制定道德教育年度计划时，需要重视"道德时间"与学校全部教育活动之间的联合协作，根据学生、学校以及社区的实际情况来设定学校道德教育的重点目标。同时，在计划中要注意与前面所描述道德教育内容相关的各学科、综合学习时间以及特别活动的指导内容联系起来，详细阐述学校与家庭、社会共同协作的具体方法。

（2）在制定"道德时间"年度教学计划时，应根据学校道德教育的整体计划，考虑"道德时间"与各学科、综合学习时间以及特别活动之间的关系，力求进行有计划、连贯性的教学指导。与此同时，要根据学生和学校的实际情况，努力安排各学年道德教育内容的重点，使各学年之间的内容不脱节。

（3）各级学校要根据学校和学生的的实际情况进行指导，特别要注意培养学生有规律的生活习惯，引导他们设想未来，为了能够成为国际社会一员的日本人而不断努力。此外，要针对学生的烦恼、不安以及纠纷等问题，采取积极的措施，加强指导。

2. 第二部分中所规定的道德内容，主要为了培养学生养成道德品格的主动性。以"道德时间"为主，根据各学科、综合学习时间以及特别活动各自的基本特征来进行的适当指导。并且，在进行指导过程中要让学生切身感受到自己的成长，这将是道德教育下一步要努力解决的课题。

3. 在"道德时间"指导中的注意事项

（1）初中道德教育原则上由班主任担任，校长、教导主任以及其他教师合作进行指导，以此来充实以道德教育推进教师为核心的指导制度。

（2）通过开展职场体验活动、志愿者活动以及大自然体验活动的形式，在充分考虑学生身心发展阶段的基础上进行有创造性的指导。

（3）开发和活用以名人传记、自然、传统和文化、体育等让学生铭记感动的有感染力的教材，充分考虑学生身心发展阶段，进行有创造性的指导。

（4）首先让学生自己思考，再与他人讨论，通过与自己意见不同的人进行交流来加深自己的思考，进一步充实自己的成长。

（5）要充分考虑学生身心发展阶段，在与第二部分所示内容紧密联系的基础上，进行与信息化道德教育相关的指导。

4. 推进道德教育发展时，应在创造良好的学校环境以及和谐的班级内部人际关系的基础上，注重学校道德教育的内容在中学生日常生活中的灵活运用。同时，开放"道德时间"课程，在课程实施以及地方教材开发等方面，争取得到学生家长以及社区其他人的积极参与和支持，加深家长们对学校与家庭、社区之间紧密联系的共同理解，提高他们对建立相互合作的认识。

5. 在道德品性养成方面，要根据中学生的实际情况进行指导，但是，在"道德时间"中不得对学生进行道德量化评价。

卷末资料（12）:《高中学习指导要领》
（2009 年 3 月公布）摘录

第一章　总　则

第一、教育课程制定的基本方针

2. 学校道德教育应通过与人类存在方式和生存方式相关的学校全部教育活动来进行。即教师应注重在引导高中生努力进行自我探求和自我实现的同时，思考如何培养他们作为国家、社会的一员的自觉性。为了更好实现这个目标，教师应该在充分考虑高中阶段学生身心基本特征的前提下，根据各学科、综合学习时间以及特别活动各自的特点来进行适当的指导。

道德教育的目标是依据教育基本法和学校教育法所规定的教育之根本精神，培养学生将尊重人的精神与对生命的敬畏之念活用于家庭、学校以及其他社会生活中，具有丰富的内心情感，尊重传统和文化，热爱在这样的传统文化之中孕育而生的祖国和家乡，努力创造个性丰富的文化，尊重公共精神，为发展民主的社会和国家而努力，尊重其他国家，为和平的国际社会和环境保护作出贡献，并具有主动开拓未来的日本人的道德品性。

推进道德教育时，教师在不断提高学生道德实践能力的同时，要注重培养学生尊重自己和他人生命的意识、自律意识和社会连带意识。培养学生重视履行社会义务和责任的态度，以及尊重人权，为实现无差别社会而努力的态度。

参考文献

第一章

1. 飯田史彦、吉田武男《スピリチュァティ教育のすすめ―〈生きる意味〉を問い〈つながり感〉を構築する本質的教育とは―》PHP 出版社，2009 年。

2. 小沢牧子《心理学は子どもの味方か? ―教育の解放へ―》古今社，1992 年。

3. 小沢牧子《〈心の専門家〉はいらない》洋泉社，2000 年。

4. 小沢牧子編《子どもの〈心の危機〉はほんものか?》教育開発研究所，2002 年。

5. 小沢牧子、長谷川孝編著《心のノートを読み解く》かもがわ出版，2003 年。

6. 貝塚茂樹監著《道徳教育とは何か（道徳教育講座 1)》日本図書センター，2004 年。

7. 問真一郎、高岡健、滝川一廣《不登校を解く―三人の精神科医からの提案》，ミネルブア書房，1998 年。

8. 高岡健《人格障害論の虚像―ラベルを貼ること剥がすこと―》雲母書房，2003 年。

9. 村上和雄、吉田武男、一二三朋子《二一世紀は日本人の出番―震災後の日本を支える君たちへ―》学文社，2011 年。

10. 吉田武男、中井孝章《カウンセラーは学校を救えるか―〈心理主義化する学校〉の病理と変革―》昭和堂，2003 年。

11. 吉田武男、藤田晃之編著《教師をダメにするカウンセリング依存症―学級の子どもを一番よく知っているのは担任だ―》明治図書，2007 年。

12. 吉田武男編著《道徳教育の指導法の課題と改善―心理主義からの脱却》NSK 出版，2008 年。

第二章

1. 新井郁男、牧昌見編《教育学基礎資料》樹村房，2008 年。

2. 井ノ口淳三編《道徳教育》学文社，2007 年。

3. 梅根悟監修《道徳教育史Ⅰ》講談社，1977 年。

4. 梅根悟監修《道徳教育史Ⅱ》講談社，1977 年。

5. 押谷由夫《〈"道徳时间"〉成立過程に関する研究―道徳教育の新たな展開―》

東洋館出版社，2001年。

　　6. 小寺正一、藤永芳純編《三訂道徳教育を学ぶ人のために》世界思想社，2009年。

　　7. 唐澤富太郎《道徳教育原論》協同出版，1978年。

　　8. 田中圭治郎編著《道徳教育の基礎》ナカニシヤ出版，2006年。

　　9. 沼田裕之編著《〈問い〉としての道徳教育》福村出版，2000年。

　　10. 林泰成《新訂　道徳教育論》日本放送出版協会，2009年。

　　11. 福田弘《人権教育を高める道徳教育》学事出版，1996年。

　　12. 藤田昌士《道徳教育　その歴史、現状、課題》エイデル出版，1988年。

　　13. 村田良一、三浦典郎編著《道徳教育の研究》協同出版，1988年。

　　14. 吉田武男《道徳教育の指導法の課題と改善—心理主義からの脱却》NSK出版，2008年。

　　15. 吉田武男、田中マリヤ、細戸一佳《道徳教育の変成と課題》学文社，2010年。

　　16. 吉田武男、相澤伸幸，柳沼良太《学校教育と道徳教育の創造》学文社，2010年。

　　第三章

　　1. 井上次郎他《要説道徳教育の研究》酒井書店，1983年。

　　2. 奥田丈文他編《現代学校教育大辞典》ぎょうせい，1993年。

　　3. 木原孝博《道徳教育全書6アメリカにおける道徳教育方法の改革》明治図書，1984年。

　　4. ギリガン著，岩男寿美子訳《もうひとつの声》川島書店，1986年。

　　5. デューイ著，市村尚久訳《経験と教育》講談社，2004年。

　　6. デューイ著，大浦猛編，遠藤昭彦、佐藤三郎訳《実験学校の理論》（梅根悟、勝田守一監修　世界教育学選集87）明治図書，1977年。

　　7. デュルケム著，麻生誠、山村健訳《道徳教育論1、2》（梅根悟、勝田守一監督世界教育学選集32、33）明治図書，1964年。

　　8. 日本道徳性心理学研究会編著《道徳性心理学：道徳教育のための心理学》北大路書房，1992年

　　9. ノディングス著，立山善康、林泰成、清水重樹、宮崎宏志、新茂之訳《道徳と倫理的教育——女性の観点から》晃洋書房，1997年。

　　10. ピアジェ著，滝沢武久訳《発生的認識論》白水社，1972年。

　　11. 福田弘《人権意識を高める道徳教育》学事出版，1996年。

　　12. 村田昇編著《道徳教育論》ミネルウァ書房，1992年。

　　13. 村田良一、三浦典郎編著《道徳教育の研究》協同出版，1989年。

　　14. リコーナ著，三浦正訳《リコーナ博士のこころの教育論　尊重と責任を育

む学校環境の創造》慶義塾大学出版会，1997 年。

15. リコーナ著，水野修次郎監訳《人格の教育—新しい徳の教え方学び方》北樹出版，2001 年。

16. 吉田武男《シュタイナーの人間形成論—道徳教育の転換を求めて—》学文社，2008 年。

17. ラス、ハーミン、サイモン著，遠藤昭彦訳，福田弘・諸富祥彦訳《道徳教育の革新—教師のための〈価値の明確化〉の理論と実践》ぎょうせい，1991 年。

第四章

1. 新井郁男、牧昌見編《教育学基礎資料》樹村房，2008 年。

2. 井口淳三編《道徳教育》学文社，2007 年。

3. 梅根悟監修《道徳教育史Ⅰ》講談社，1997 年。

4. 梅根悟監修《道徳教育史Ⅱ》講談社，1997 年。

5. 押谷由夫《〈道徳の時間〉成立過程に関する研究——道徳教育の新たな展開》東洋館出版社，2001 年。

6. 小寺正一、藤永芳純《三訂 道徳教育を学ぶ人のために》世界思想史社，2009 年。

7. 唐澤富太郎《道徳教育原論》協同出版，1978 年。

8. 田中奎治郎編著《道徳教育の基礎》ナかニシヤ出版，1985 年。

9. 沼田裕之編著《〈問い〉としての道徳教育》福村出版，2000 年。

10. 林泰成《新訂道徳教育論》日本放送出版協会，2009 年。

11. 福田弘《人権意識を高める道徳教育》学事出版，1996 年。

12. 藤田昌士《道徳教育の歴史、現状、課題》エイデル出版，1985 年。

13. 村田良一、三浦典郎《道徳教育の研究》協同出版，1988 年。

14. 吉田武男《道徳教育の指導法の課題と改善—心理主義からの脱却—》NSK出版，2008 年。

15. 吉田武男、田中マリヤ、細戸一佳《道徳教育の変成と課題—〈心〉から〈つながり〉へ—》学文社，2010 年。

16. 吉田武男、相澤伸幸、柳沼良太《学校教育と道徳教育の創造》学文社，2010 年。

第五章

1. 大森与利子《〈臨床心理学〉という近代—その両義性とアポリア—》雲母書房，2005 年。

2. 小沢牧子《〈心の専門家〉はいらない》洋泉社，2002 年。

3. 滕部真長《道徳教育—その思想的基底》大日本出版，1959 年。

4. 柴田義松編《現代の教育危機と総合人間学》学文社，2006 年。

5. 下村博文《下村博文の教育立国論》河出書房新社，2010 年。

6. 新保真紀子《子どもがつながる学級集団づくり入門—若いせんせいに送るラブレター》明治図書，2007 年。

7. 日本 NIE 学会編《情報読解力を育てる NIE ハンドブック》明治図書，2008 年。

8. 日本道徳教育学会編《道徳教育入問—その授業を中心として—》教育開発研究所，2008 年。

9. 橋爪大三郎《〈心〉はあるのか》筑摩書房，2003 年。

10. 福田弘《なぜ今、人権教育が必要なのか?》（社）千葉県人権啓発センター，2008 年。

11. 村上和雄、吉田武男、一二三朋子《二一世紀は日本人の出番—震災後の日本を支える君たちへ—》学文社，2011 年。

12. マズロー著、小口忠彦訳《人間性の心理学—モチベーションとパーソナリテイ》産業能率大学出版部，1987 年。

13. 吉田武男《シュタイナー教育名威厳 100 選》学事出版，2001 年。

14. 吉田武男《シュタイナーの人間形成論—道徳教育の転換を求めて—》学文社，2008 年。

索 引

（本索引词条后的数字为原书页码，即本书边码）

后　记

　　近年来，只要青少年一发生某些问题，以大众传媒为代表的社会各界就会出现歇斯底里般的过度反应，而且这种风潮一直在持续。如果他们发现问题源于学校，便会将矛头指向教师的指导能力和应对紧急事件的反应能力，把教师和教育工作者当作替罪羊（这里不包括心理咨询专家和"心灵专家"）。媒体往往会在声讨过后才将目光转向学生自身。并且，在对学生自身问题进行分析时会把他们身上的问题大致分为两种，一种是学生的道德品性和道德意识欠缺，另一种是"心理阴影"和"心灵创伤"等心理问题。倾向于第一种问题的人们呼吁强化和充实道德教育；倾向于第二种问题的人们则强调心理健康和精神卫生等。可是，无论从哪个方面来分析，他们都能够巧妙地将道德教育与心理问题联系起来。总之，伴随着讨论而产生的是关于"心灵教育"的构想。将"心灵教育"构想与道德教育联系在一起便产生了"被心理主义化的道德教育"方法。随着"心理主义化道德教育"方法在心理状态分析中的普遍运用，道德教育界出现了医学治疗方法中的"心理保健"法，目前这种医学的方法还在慢慢渗透到其他领域，被广泛利用。这就导致以这个领域和职业为生的人员数量不断增多（与"有过量的医生和药就会产生更多的患者"原理相同，相关人员增多的话，那么发生此类问题的人数自然会增加），这样一来，只能使教育越来越闭塞，根本谈不上对青少年健康发展起到促进作用。

　　基于上述思考，我认为想要解决道德教育问题，不能只在方法层面下工夫，而应该从解决该问题的核心点位出发。打个比方，像前面所说的那样，作为五重塔核心的"心灵支柱"已经存在，如果还继续往上面添加内容，那作为"心灵支柱"下面的"基石"也应该随之增加。如果不打下坚实的基础，无论怎样呼吁和强调道德教育的重要性，都不会有明显效果，甚至会使道德变得越来越令人怀疑。最近，又出现了将自我实现和自我肯定等理念作为"心灵支柱"的主张。但是，无论是自我实现还是自我肯定，都属于个体本位思想，它产生于一神教的社会，即属于基督教文化圈的国家，且大多数优秀思想都出自于犹太民族。值得我们注意的是，日本与创造出这些思想的国家和民族，无论是在风土人情、国家风貌还是民族的历史发展过程等方面都完全不同，因此，我们不应该将这些思想原封不动地照搬照抄，而应该吸收和借鉴对日本有益的内容。另外，对于完全忽略了这些思想产生的宗教前提或完全没有宗教信仰的人们来说，只强调自我实现和自我肯定会在他们心中催生出令其畏惧和恐慌的对手，害怕对手把自己的观点替换掉，反而使他们更加固执地坚持自己的价值观，并只能助长他们"欲望的价值观"，而与这种价值观完全相反的"道德价值观"就会被削弱。基于这样的分析与思考，本书为了使人们走出这样的认识误区，提出了"大和魂"是真正的"心灵支柱"，而"惟神之道"是其基石的设想。另外，如果大胆地进行这种构想的范式转换，可能会看到出人意料的结果，从而改变日本的道德教育现状。

例如，对于自杀问题毫不了解的门外汉们只能用不完整的知识来对其原因进行解释说明。但是，包含学校在内的日本社会15年间首次出现自杀人数低于3万的情况，其中最主要的一个原因，应该是包含各种各样专家在内的人或者组织之间"联系"的逐渐加强，即在他们被某种"纽带"紧密联系在一起。但不得不承认的是，每年的自杀人数依然有3万左右，数量之巨大是不争的事实。因此，我们不能说自杀问题有了很大改善。说到自杀，究其原因我们不得不提到关系最为密切的心理问题，2008年日本被确诊为患有心理疾病的抑郁症患者人数已超过了100万人。为了克服这种情况，我们要谋求即使陷入充满压力的事态和逆境之中，也有从中摆脱出来并还原到健康状态的能力。日本十年间抑郁症等心理疾病患者增加了两倍，如果对这一现象进行反思，我们不难发现人们与逆境抗争

的能力变得越来越弱。放眼西方发达国家，英国和法国等国医院神经科的
病床数量急速减少，意大利公立神经病医院就医的患者基本为零。与这些
国家相比，日本由于没有进行范式转化，精神疾病患者非但没有减少，反
而呈现出持续增加的趋势。

　　着眼于日本现状，我的脑海中会不自觉浮现出道德教育工作者们继
续大声疾呼心理健康重要性的画面。实际上，对于那些出现道德问题的
人，如果从"健康"（health）角度来分析原因，其实他们什么病都没有。
但是在现实生活中人们却一直关注精神上的"亚健康"（ill health）问题。
对于"心理疾病"和"心理健康"，专家们百年如一日地一直在呼吁"早
发现、早治疗"，他们不仅没有将目光转向心灵健康的维持，甚至也没有
关注过身体健康。即使是对于身体疾病来说，"早期发现"也比治疗还要
困难。更何况想做到"早期发现心理疾病"，对于专家来说可能会更加困
难。不仅如此，只要学生一出现问题，社会各界对于那些完全没有心理学
基础的外行教师就会进行指责，指责他们没有提早发现问题学生的心理疾
病征兆，这样荒唐的事情都是因为愚蠢地推行心理主义而导致的。

　　综上所述，呼吁"早期发现"应该是在确定病人得病之后才提出来
的。与"早期发现"相比更重要的应该是如何预防疾病，或者即使生病也
能依靠自己来治愈的能力。我觉得最重要的是如何保持和提高身心"免疫
力"。对于教育来说，最核心的使命就是将这种"免疫力"的开关打开。
具体来说，为了培养学生们在社会、国家和世界中发挥作用并承担相应责
任的能力，为了使学生们的生存方式变得更有价值，我们不仅应该教他们
如何避免压力和逆境，还要培养他们即使陷入其中也能摆脱出来的能力，
以及从不健全状态中尽快恢复的能力。将这样的"免疫力"开关打开，才
是道德教育的使命。从这个意义上讲，教育能够起到激活和提高"免疫
力"的预防作用，特别是道德教育，可以说是社会中人激活其生存方式和
理想状态"免疫力"的预防医学。这种"免疫力"的激活，不能只停留在
关心或者与关心相联系的心理问题层面，最重要的是寻求能够从根本上解
决问题的"魂"。打个比方来讲，这个"魂"就是到目前为止经过反复推

敲得出的"五重塔"心灵支柱。当然，中国有中国的"心灵支柱"，韩国有韩国的"心灵支柱"，美国还有独具美国特色的教育模式，犹太民族也有犹太民族自己的特色。总之，每个国家和民族的心灵支柱完全不同，日本曾在非常时期于义民中提倡"荒魂"，与此特殊时期不同的是，在构筑"惟神之道"基石的基础上，梳理真正的"大和魂"最为恰当。因为，这种世界观虽然很惧怕大自然中的各种危险，但是它所表现出来的不是要去征服变幻莫测的大自然，而是要感谢自然，顺应自然，坚守以"和"为核心，互帮互助、共生共荣的伟大生存之道。而且这样的生存方法依然适用于现在，我们面对包括环境问题、战争、恐怖袭击等在内的灾难时，都会从这种方法中得到启示，也能作出巨大的贡献。树立这种价值观的道德教育，能够使每个人的生存方式朝着好的方向转变，每个人的生存方式集合在一起就能够使社会、国家甚至是世界朝好的方向改变。也就是说，这样的道德教育不仅能够对改善每个人的生存方式起到预防作用，还可以成为构筑可持续性社会的原动力。因此，从具有个人主义特征的"心灵"出发，以人际关系为"纽带"，最终有望形成以日本之"魂"为根本的道德教育。在"传统与文化"的名义下，不能只是装模作样地教授知识，还要进行以日本"传统与文化"为基础的道德教育范式转换。针对如何解决日本道德教育中存在的问题，本书若能起到抛砖引玉的作用，我就感到非常荣幸了。

最后，向发行本书并耐心地等待我这份迟来稿件的田中千津子社长表示衷心的感谢和诚挚的敬意。

132

吉田武男

2013 年 3 月 15 日

译后记

译者搁笔之时日本正值深秋，晚风微凉，红叶满地。每日傍晚时分，最惬意的便是放下手头工作，漫步于街头巷陌，享受这份日本独有的静谧与美。即使已经在日本度过了五个年头，往往还是会为其环境之整洁、秩序之井然所惊叹。日本之所以能够构建出如此优良的社会环境及生存空间，不仅得益于第二次世界大战之后日本社会的高速发展和经济繁荣，也与当代日本人谦逊、有礼的生活作风和严谨、踏实的工作态度紧密相关。可正如本尼迪克特在《菊与刀》中写到的，日本人"追求武力而又崇尚美感，倨傲自大而又谦逊有礼，温雅驯服而又心怀怨愤，墨守成规而又追赶时髦"，虽然战后日本采用了与战前军国主义教育完全不同的教育方针，但深藏于日本民族性格中的矛盾性却依然留存着。在谦逊有礼和秩序井然的标签背后，正如吉田武男教授在首章中所指出的那样，当代日本也存在着大量的社会问题与犯罪事件，其中以青少年恶性事件尤为引人关注，且近些年来有愈演愈烈之势，引起了日本诸多学者和有识之士的担忧。事出必有因，以吉田武男老师为代表的教育家们认为当前政府和学校错误的道德教育方针对此有着不可推卸的责任，这也成为吉田武男教授写作此书的最大契机。

读一本书就是触摸一个灵魂，而翻译工作则更需要译者在作者的灵魂中驻足良久，方能感同身受，绘于文字，并在两个悠久的语言中穿梭往来，从容转化。在翻译此书的过程中，我触碰到了两个灵魂。一个是历经世事的沧桑长者，他忧心忡忡，又满怀期许，对日本民族的道德现状关怀着、担忧着，常常发出叹息，时时严厉斥责，以上代人的过去注视着当代人的未来；一个是严谨求索的问道学者，他勤勉埋首，放眼世界，在古今中外的理论与实践中苦苦寻找德育良方，不惜与日本主流推崇的"心理主义"冲击碰撞，只为探求真理，解决难题。

而对"心理主义"道德教育的批判，则正是贯穿本书的最大线索。"如果现实生活中的社会问题总是被当成个人的心理问题来对待，那么人作为'情感劳动者'只能循环往复地接受心理咨询和相关方案来应对周身社会…那么，建立在看清社会现象的问题结构基础上，谋求对共生共存的现实社会进行改善和改革的视点将完全泯灭。"在首章中，吉田老师以日本当下青少年道德意识低下、自尊心缺失等热点社会问题为导向，抛出了"为何要呼吁道德教育"这一根源性思考，进而从学理角度分析了"心理主义"道德教育与当下日本青少年道德现状的因果关系，为本书定下了"在批判中超越"的整体基调。二、三章则分别从历史沿承及世界视野的角度，讲述了"心理主义"何以与日本道德教育高度融合并占据着举足轻重的地位。随后在第四章中，上至文部省政策文件《学习指导要领》，下至一线课堂的教材读物《心灵笔记》，宏观如道德教育指导方针，微观如教学课文《魔术师》，吉田教授对日本"心理主义"道德教育进行了全面系统的批判，犀利指出当前日本的道德课不过是一场"心理推测游戏"，只会培养出"为一己私利而形成的诚实"，对于心理问题的过分关注本质上掩盖了青少年周身社会中的种种弊害。最后在第五章中，吉田教授针对"心理主义"道德教育的弊端，创造性提出了"日本科"的创设，其包括宗教、艺能、武士道等日本国家和地方的传统文化。总体而言，它是吉田老师从传统文化角度对日本道德教育的未来及发展作出的有益思考。

事实上，《摆脱"心灵教育"的道德教育》不仅是一本犀利的谏言书，更是一部有关道德教育的百科式著作。虽然全书围绕"心理主义"道德教育的批判而展开，但在第二章和第三章中，吉田老师不仅对日本道德教育史进行了细致入微的考察，还对世界各国的道德教育及知名道德教育理论进行了详细介绍。从以儒教文化为核心的中国、日本，到以宗教文化为核心的美国、英国、德国，从涂尔干、弗洛伊德，到杜威、柯尔伯格，一幅有关世界道德教育的广阔图景在吉田老师精练的语言中缓缓展开，兼具横向延展性与纵向深度，尤其对于初探道德教育领域的学者来说，定能从中收获良多，有所进益。

本书作为《思想政治教育前沿译丛》一员的最大价值，便是可以着眼于日本文化与日本道德教育间的关系，为同处在东亚儒教文化圈中的中国提供参照和借鉴。虽然日本并没有思想政治教育这一科目，但道德教育作为日本解决学生思想问题及传递价值观念的载体，与我国思想政治教育有着相近的内涵与本质，其中如"爱国心"教育、"羞耻心"教育等也在一定程度上与社会主义核心价值观教育有所契合。因此，即使中日两国在意识形态基础层面有所不同，也可从方法论角度一方面吸取日本道德教育的失败经验，另一方面从日本道德教育接下来的改革创新中得到启发。吉田教授在书中反复强调，同属于东亚文化圈的中日两国，不仅是一衣带水的邻邦，而且在传统文化、思想和教育等方面都有很多相似之处，与以宗教文化为基础的西方文化不同，两国应依据自身文化特性探索出一条有别于西方的独特道德教育之路。由于文化层面的相似性与同域性，相比于西方国家的公民教育，日本道德教育似乎能给我们带来更加直观的启发和体悟，也更易于我们进行参照与比较。

收笔之际，与吉田教授的心灵对话也暂时告一段落。相比于工作结束后的轻松，更多是不舍与留恋，期待下一次的相遇，也希望下一次，能用更加精确的笔尖，向广大读者们勾勒出吉田教授独特的学术思想，展现比较研究的特殊魅力。

本书的出版不仅源于日本筑波大学人间系吉田武男教授在版权转让等方面的慷慨首肯，也得益于日本学文社社长田中女士及东北师范大学党委书记杨晓慧教授的大力支持。在这里，要感谢东北师范大学思想政治教育研究中心老师们的鼎力支持和帮助，是大家的细心、耐心和关心使我得以在繁忙的学习之余坚持将本书翻译成稿。由于翻译过程较为仓促，涉及内容又广博繁杂，难免会有纰漏和不当之处，还望读者批评指正。

那乐　栾天
2015 年 11 月

责任编辑:钟金铃

封面设计:汪　莹

图书在版编目(CIP)数据

摆脱"心灵教育"的道德教育/(日)吉田武男 著;那乐,栾天 译. —北京:
　人民出版社,2016.7
(思想政治教育前沿译丛/杨晓慧主编)
ISBN 978－7－01－016532－5

Ⅰ.①摆⋯　Ⅱ.①吉⋯ ②那⋯ ③栾⋯　Ⅲ.①品德教育-研究-日本
　Ⅳ.①D731.34

中国版本图书馆 CIP 数据核字(2016)第 174786 号

摆脱"心灵教育"的道德教育
BAITUO XINLING JIAOYU DE DAODE JIAOYU

［日]吉田武男 著　那乐 栾天 译

人民出版社 出版发行
(100706　北京市东城区隆福寺街 99 号)

北京中科印刷有限公司印刷　新华书店经销

2016 年 7 月第 1 版　2016 年 7 月北京第 1 次印刷
开本:710 毫米×1000 毫米 1/16　印张:11.5
字数:160 千字

ISBN 978－7－01－016532－5　定价:29.00 元

邮购地址 100706　北京市东城区隆福寺街 99 号
人民东方图书销售中心　电话 (010)65250042　65289539